Reise nach Königsberg

Michael Welder

Reise nach Königsberg

Spurensuche von Litauen in das nördliche Ostpreußen

Verlag
Gerhard Rautenberg
Leer

Bildquellenverzeichnis

Michael Welder, Forchheim: Titelbild/Umschlag, alle Abbildungen in Essay, S. 21, S. 22, S. 23, S. 24, S. 25, S. 26, S. 27, S. 28/29, S. 30, S. 31, S. 32, S. 33, S. 34, S. 35, S. 36/37, S. 38, S. 39, S. 40, S. 41, S. 42 [2], S. 43 [2], S. 44 [2], S. 45, S. 46, S. 47, S. 48, S. 49 [2], S. 50, S. 51, S. 52/53, S. 54 [2], S. 55, S. 56, S. 57 [2], S. 60 oben, S. 61 oben, S. 69, S. 72, S. 73 unten, S. 81, S. 87 [2], S. 89 unten, S. 90 [2], S. 91 unten, S. 93 [2], S. 96 [2], S. 98 [2], S. 99 [2], S. 100, S. 101 [2], S. 102 [2], S. 103 [2], S. 104, S. 105 [2], S. 106 oben, S. 107, S. 109 [2], S. 110 mitte u. unten, S. 111 oben u. mitte, S. 113 [2], S. 114 oben u. unten rechts, S. 119 [2], S. 120, S. 128, S. 129 oben u. mitte, S. 130, S. 134 [2], S. 135 [2], S. 136 unten, S. 137, S. 139 unten, S. 140/141 [2], S. 142, S. 143, S. 146 [2], S. 151 unten, S. 153, S. 154, S. 160 unten, S. 164, S. 165 [2], S. 166/167, S. 169 oben, S. 178, S. 179, S. 182, S. 185 oben, S. 188/189, S. 190/191, S. 194 oben, S. 195, S. 196/197, S. 198 [2], S. 199 [2], S. 200/201 [2], S. 202, S. 203 [2], S. 204 unten, S. 205, S. 206, S. 207 unten, S. 208 [2], S. 209 oben, S. 212 [2], S. 213 [2], S. 214/215, S. 218 oben, hinteres Vorsatz rechts
S. Maruhn, Hattingen: S. 80, S. 85, S. 115 [2], S. 131 oben, S. 136 oben, S. 168, S. 171, S. 174, S. 175
Horst Dietrich, Wiesbaden: S. 61 unten, S. 66, S. 68 [2], S. 88 [2], S. 106 unten, S. 108 [2], S. 110 oben, S. 150 oben, S. 152 oben, S. 161, S. 162, S. 163 [2], S. 169 unten, S. 177, S. 192/193, S. 204 oben, S. 218 unten
G. Rautenberg, Leer: S. 60 unten, S. 78, S. 85 unten, S. 86 oben, S. 89 oben, S. 155 [2], S. 156/157, S. 158 oben, S. 180, S. 181 oben, S. 185 unten, S. 186, S. 216, S. 219
Peter Kiep, : S. 159, S. 160 oben
Werner Scharfenberg, Memel: S. 209 unten
Margret Reisinger, Hamburg: S. 183, S. 210/211
J. Tschernyschow, Königsberg: S. 91 oben, S. 94/95, S. 116 [12], S. 117 [11], S. 118, S. 132/133, S. 144/145, S. 147, S. 148, S. 149, S. 151 oben, S. 152 unten, S. 172/173, S. 176
H. Raschdorff, Lüneburg: S. 97 oben, S. 121 oben,
Archiv Verlag G. Rautenberg: S. 97 unten, S. 111 unten, S. 112, S. 127 [2], S. 150 unten, S. 158 unten, S. 170 [2], S. 184, S. 187 [2], S. 194 unten, S. 207 oben, S. 217
Detlev Steinberg, Berlin: S. 114 unten links, S. 121 unten, S. 122, S. 123 [2], S. 124/125, S. 126 [2], S. 129 unten, S. 131 unten, S. 138, S. 139 oben
Helmut Peitsch, Rosengarten: S. 86 unten, S. 181 unten
Edition Geißelbrecht, Kiel: S. 70/71, S. 76/77, S. 79, S. 82/83
Wegner-Carrière, Lübeck: S. 67 [2], S. 84/85 oben, hinteres Vorsatz links
F. Kuebart, Bochum: S. S. 64/65
I.-M. Sauter: S. 73 oben, S. 74 unten, S. 75
H.-G. Segendorf, Duisburg: S. 59 oben u. mitte
Ursula Gehm, Schwäbisch-Hall: S. 58 unten
R. Oberpichler, Wetter/Ruhr: S. 58 Mitte, S. 59 unten
Kreisgemeinschaft Stallupönen/Ebenrode: S. 58 oben, S. 62 [2], S. 63
Archiv „Insterburger Brief": S. 74 oben

Ein Buch lebt durch seine Texte, Bilder und Dokumente. Und es verdankt sein Entstehen auch besonderer Unterstützung. Jacek (Żuk) Żukowski hat schwierige Recherchen gemeistert. Kuno Sollors, Dissen a. T., hat Briefmarken, seltene Mischfrankaturen und Zeitungsbanderolen besorgt. Alle Vignetten, historische Postkarten und Notgeldscheine hat der Vater des Autors, Hugo-Heinz Welder, Coburg, in seinem unerschöpflichen Archiv ausfindig gemacht.

CIP-Titelaufnahme der Deutschen Bibliothek
Reise nach Königsberg: Spurensuche von Litauen in das nördliche Ostpreußen / Michael Welder.
– Leer: Rautenberg, 1990
ISBN 3-7921-0446-6
NE: Welder, Michael [Mitverf.]

Gesamtherstellung: Druckerei G. Rautenberg, 2950 Leer
Buchbinderei: Gehring, Bielefeld
Das Buch wurde gedruckt auf 150 g/m² Seiler SILK-MATT, ein Produkt der Feldmühle AG

Printed in Germany
ISBN 3-7921-0446-6

„Ostpreußen ist ein unzweifelhaft deutsches Land.
Das ist von Kindheit an meine Meinung,
die nicht erst der Bestätigung durch eine
Volksabstimmung bedurfte.
Und daß dies meine Meinung ist, können Sie ruhig Ihren
Ostpreußen in einer öffentlichen Versammlung in
Königsberg zur Beruhigung mitteilen!"

Der damalige polnische Ministerpräsident Józef Piłsudski (1867/1935)
zu Reichsaußenminister Gustav Stresemann (1878/1929)
am 10. Dezember 1927.

Michael Welder

Deutsche und Russen, Polen und Litauer Oder: wie reist man eigentlich nach Königsberg?

Meine erste bewußte Begegnung mit Königsberg hatte ich im Sommer 1980 in ...Taschkent! Eine russische Dolmetscherin aus Moskau, ca. 30 Jahre alt, begleitete unsere Reisegruppe aus Westdeutschland in den orientalischen Teil der Sowjetunion. Wir hatten Ostpreußen in unserer Gruppe und so fiel der Geburtsort „Königsberg" in die Runde. „Königsberg"? Das kannte unsere Natascha nicht. Na, „Kaliningrad", erklärten wir hilfreich, Sie wissen schon... Nein, jetzt geschah das Unerwartete: „Kaliningrad", dozierte unbeirrt die nette Dolmetscherin, „war doch immer schon russisch"! Nun waren wir am staunen und sie ergänzte bestärkend, daß andere Tatsachen offensichtlich aus unseren „revanchistischen Atlanten" stammten.

Eine zweite einheimische Kollegin hat sie dann vom deutschen Königsberg bis Ende des Zweiten Weltkrieges überzeugen wollen, aber ganz hat das nicht gefruchtet. Mich hat dieses Wortgeplänkel damals sehr nachdenklich gemacht, weil daran der Stand allgemeinpolitischen Wissens der Sowjetbürger ausgerechnet werden kann. Wenn schon Dolmetscherinnen so wenig wissen, die von Berufs wegen mit Ausländern zu tun haben – was weiß dann eigentlich der Durchschnittsbürger in der Sowjetunion von seinen nichtrussischen Grenzräumen? Mit dieser Skepsis lag ich richtig, was anschließende Reisen besonders im Baltikum überdeutlich machten. Bei Stadtrundgängen durch Reval, Riga und Wilna haben sich meine Reiseleiter-Kollegen aus der Bundesrepublik die Haare gerauft, was freilich innerlich geschah, ein stilles Leiden sozusagen, angesichts haarsträubender Geschichtsklitterungen, die von Amts wegen seitens der Stadtführer(innen) vorzutragen waren.

Dies heute noch einmal in Erinnerung zu rufen, ist ganz wichtig, weil sonst die Glasnost von Gorbatschow den Eindruck erwekken könnte, die Geschichte und Kultur, die Fakten und die Wahrheit hätten in der Sowjetunion in etwa so gestimmt. Erst 1988 wurden in Estland der Hitler-Stalin-Pakt von 1939 mit seinen geheimen Zusatzprotokollen zum ersten Mal publiziert und noch 1989 (!) bestritten Gorbatschow und hochrangige Sowjetführer die geheimen Details des „Schandvertrages", bis man qualvoll langsam doch zur Wahrheit fand. Erst jetzt also wissen viele manches und wenige alles: in der Sowjetunion müssen 70 Jahre an verdrängten und verschwiegenen Fakten aufgeholt werden.

Wenige Tausend Touristen fuhren während der 70er und frühen 80er Jahre ins Baltikum, ein weißer Fleck des Tourismus also, weniger besucht als Grönland. Auch bei uns Deutschen waren die Kenntnisse dürftig. Es gibt zwar hin und wieder ein „baltisches Tief" im Wetterbericht, aber bis zu Beginn der weltbewegenden Nachrichten aus den freiheitsliebenden baltischen Republiken war dies für uns eher ein Gewitter zwischen Rumänien und Bulgarien. Baltikum gleich Balkan. Jetzt gar von Königsberg Nachricht zu erfahren, wäre des Guten zu viel gewesen. Königsberg liegt vom Baltikum her betrachtet, am Ende der Welt, als zudem für Ausländer unzugänglicher Brückenkopf zum Niemandsland. Vom Süden her, also vom polnischen Ostpreußen-Teil, war kein Durchkommen möglich. Grenzübergänge für Touristen gibt es zwischen Elbing und Goldap keine. Hin und wieder traf ich eine Lettin oder Litauerin, die mal in „Kaliningrad" war; in Allenstein und Mohrungen gibt es polnische Vereine, die mit ihren Mitgliedern gelegentlich nach Królewiec (wie Königsberg auf polnisch durchaus noch genannt wird) reisen durften. Königsberg liegt also hinter einer doppelten Wand – vom Süden und Norden für Fremde nicht erreichbar – schon gar nicht für die Deutschen, die dort einmal gewohnt haben.

Es kann nicht verwundern, daß unzählige Ostpreußen aus dem sowjetisch gewordenen Nordteil seit Jahr und Tag an Plänen gebrütet haben, ob und wie nicht doch ein Wiedersehen mit ihrer alten Heimat zu bewerkstelligen sein könnte.

Segler kreuzten bis an die samländische Küste und wurden festgehalten. Wanderer schlichen zum Warschkeitener Berg südlich Preußisch Eylaus und bekamen Ärger mit der polnischen Miliz. Litauen-Besucher stahlen sich aus ihren Gruppen davon und gelangten stundenweise ins nördliche Ostpreußen. Das Problem, nach Königsberg zu reisen, schien von hier aus betrachtet, keines zu sein – warum nicht einfach mit dem Auto hinfahren, wenn man einmal in der Sowjetunion eingereist war? Das ging aus drei Gründen nicht: zum einen ist eine Pkw-Reise in die UdSSR nur auf eigens für Ausländer festgelegten Überlandstraßen erlaubt und ein Abbiegen von dieser vereinbarten Route nicht gestattet. Wer es dennoch versucht hat, wird sich gewundert haben, wie schnell die Miliz den Ausländer-Wagen aufgespürt hatte: es gibt eben an jeder (!) Ausfallstraße einer jeden Stadt der Sowjetunion den GAI (Gossudarstwennaja Automobilnaja inspekcija = Staatliche Automobilinspektion), der als Mischung zwischen Verkehrs- und Geheimpolizei jeden fremden Wagentyp sofort im Visier hat. Da kommt also kein Mensch mit seinem West-Auto bis Königsberg. Zum zweiten konnte man auch nicht mit Einheimischen in deren Autos so mir nichts dir nichts nach Nordostpreußen fahren.

Ausländer haben Gruppenreisen gebucht und die Dolmetscherin achtete mit Argusaugen auf ständige Präsenz der Truppe. Einen halben Tag oder gar einen ganzen Tag mochte jemand aus der Reisegruppe sich entfernen dürfen, länger aber nicht. Das reichte also für Königsberg hinten und vorne nicht. Zum dritten erfährt nun der West- und der Ostmensch (!), daß die Sowjetunion eine von der weltweiten Norm abweichende Visum-Praxis handhabt. Während ihre eigenen Bürger ganz selbstverständlich – sofern sie überhaupt außer Landes gelassen wurden – das jeweilige Ausland frei bereisen dürfen (wie denn auch sonst?) liest der Besucher der UdSSR zu seinem Erstaunen, daß das ihm gewährte Visum nur z. B. für Moskau, Leningrad und Kiew gültig ist – nicht aber für die ganze Sowjetunion! Ein Touristenvisum für die ganze Sowjetunion hat es vor dem zweiten Weltkrieg einmal gegeben, danach nie mehr. Es ist immer nur eine Art Spezialgenehmigung für genau die Orte, die vorher beim Reisebüro gebucht wurden.

Die Reise nach Königsberg, die es also gar nicht gibt, ist auf einmal keine solche Abnormalität mehr, sondern nur eines von unzähligen Sperrgebieten in der Sowjetunion, die nicht zugänglich sind. Anders formuliert: die ganze Sowjetunion ist zunächst Sperrgebiet und wird punktuell für Städte und linear für Verbindungsstrecken eigens per Visum freigegeben. Bei Königsberg fiel diese Visumpraxis nur besonders auf, weil insbesondere die Ostpreußen ihre alte Heimat noch einmal wiedersehen wollten.

Ich hatte meine zweite bewußte Berührung mit Nordostpreußen ein Jahr darauf im Frühsommer 1981. Damals gab es eine bei Baltikum-Touristen beliebte Fähre, die von Travemünde direkt ins estländische Reval fuhr. Wer Wert auf eine gesamtbaltische Betreuung während seiner Reise legte, reiste auf diese Weise ohne Moskauer „Begleitschutz". Man war sozusagen unter sich – die baltischen Gastgeber und die Gäste: die meisten von ihnen Deutschbalten, die 1939/41 aus Est- und Lettland meist in den Warthegau umgesiedelt worden waren. Da fiel einer aus der Rolle, der wie Heinz Brandt aus Gütersloh erkennbar „Reichsdeutscher" war, und seine prägenden Jugendjahre in Memel verbrachte und nun alle an Bord mit Fragen nervte, wie man es denn im Litauischen anstellen müsse, nach Memel zu kommen. Das wußte niemand, denn in Memel war genauso wenig wie in Königsberg oder gar auf der Kurischen Nehrung bis dato jemand gewesen – sieht man einmal von seltenen Eintagsfliegen ab wie dem Journalisten Heinz Schewe, der 1959 in Königsberg gewesen war und darüber die für lange Zeit einzige Reportage verfaßt hatte.

Zuhause fand ich später eine Postkarte mit Abgangsstempel „Klaipėda" vor – Heinz Brandt war tatsächlich nach Memel gelangt, einige Stunden durch die Stadt gestreift und hatte gar drüben auf der Kurischen Nehrung – hinter dem alten Sandkrug – in der Ostsee gebadet. Sein Kindheitstraum war in Erfüllung gegangen! Manch Leser wird bei derlei bescheidenen Wünschen vielleicht schmunzeln – ein paar Stunden in Memel plus Bad in der Ostsee: ist das etwas Besonderes? Sollte es nicht selbstverständlich sein, Geburts- und Kindheitsstätten immer wieder aufsuchen zu dürfen? Sollte nicht eine generelle Visumfreiheit für den jeweiligen Geburtsort, das Geburtsland die Regel sein?

Heinz Brandt habe ich in Gütersloh öfters besucht. Er lebte mit Tausenden von Büchern, Dias, Bildern und Zeitungsausschnitten; sehr belesen, besonders über Memel und Umgebung – das war sein Lebenstraum, er kannte dort so gut wie jeden Baum und Strauch, ohne je nach dem 2. Weltkrieg länger dort gewesen zu sein, als diese paar Stunden. Er hat voller Begeisterung seine wenigen Dias hie und da auf kleineren Versammlungen in Vorträgen gezeigt, besonders viele Memeldeutsche sahen durch ihn erste Fotos ihrer alten Heimat. Daß er für die UdSSR bei erneutem Visumantrag Einreiseverbot erhielt, war zu befürchten und deutete an, daß die sowjetischen Behörden den Memel-Ausflug mitbekommen hatten. Seltsam war indes, daß sofort anschließend auch die DDR ein generelles Einreiseverbot über ihn verhängte, und das traf ihn hart, weil seine gesamte Verwandtschaft in der Nähe von Eberswalde lebt. Nun sind wir heute schlauer als zur humorlosen Breschnew-Zeit: KGB und Stasi haben stets einen guten Datenabgleich gepflegt. Kommt hinzu, daß zweimal gar während seiner Lichtbildvorträge geheimnisvolle Unbekannte vor dem Lokal ein Blitzbild von ihm fertigten; und dann die Krönung der sowjetischen Geheimdienstbehörden: in der „Litowskaja Prawda" erschien ein russisch geschriebener, seitenlanger Report über einen gewissen „Heinz Brandt aus der BRD", einem sozusagen ganz großen Spion, der in der Sowjetunion illegal herumschnüffele etc., etc. Man greift sich an den Kopf – für wen war der Bericht geschrieben? Für die einheimischen Sowjetbürger, damit Ausländern keine Unterstützung beim Besuchen gesperrter Regionen zuteil werde? Und sollte Brandt diesen Bericht zugespielt bekommen, um ihn einzuschüchtern? Aber dank Visumsperre wäre er ja ohnehin kein „Wiederholungstäter" geworden. Alles riecht nach Kanonen, mit denen man auf Spatzen schießt. Als ich Brandt im Sommer 1982 noch einmal sah, war er schon ganz verzagt, wie ein Spatz ganz ohne Lebensmut. Memel war für ihn dicht, in die DDR durfte er nicht mehr fahren, in der Bundesrepublik lebte er alleine. Wie mit einer um ihn zugezogenen Schlinge endete er im Verfolgungswahn. Heinz Brandt hat sich 1983 im Bahnhof Gütersloh vor den Zug geworfen.

Wir haben damals überlegt, eine Todesanzeige für ihn so zu formulieren und sie auch entsprechenden Stellen in der Sowjetunion zu Gesicht kommen zu lassen. Nur mit einem schlichten Text versehen, daß ein Mensch durch erbarmungslose Geheimdienstmachenschaften in den Tod getrieben wurde, der nichts anders als seine Kindesheimat aufsuchen wollte. Slawischen Menschen wird doch ein besonders inniges Verhältnis zur Heimat, zum Boden nachgesagt. Müßte die sowjetischen Behörden ein solches Schicksal nicht doch erweichen? Keiner müßte doch „von der Route abweichen", gar „illegale Methoden" anwenden, um nach Königsberg und Umgebung zu gelangen, wenn man die Menschen normal dorthin fahren ließe!

Mindestens eine solche Lebensgeschichte mit tödlichem Ausgang muß man als neugieriger Leser einmal gehört haben, weil sich in Wahrheit ganz andere Tragödien abgespielt haben. Wenn vielfältiger Dank an Michail Gorbatschow für seine Politik der Öffnung zu vernehmen ist, dann denke ich immer zuerst daran, daß dieses schrecklich allgegenwärtige KGB etwas an die Leine gelegt worden ist. Es geht weniger um Bananen, als um die „Freiheit von Angst", wenn wir die Öffnung des Ostens – insbesondere der Sowjetunion – griffig bewerten wollen.

Meine dritte Begegnung mit Königsberg hat mir Willi Scharloff vermittelt. Diesen Königsberger kennt in Deutschland mittlerweile jeder, der sich genauer mit dem nördlichen Ostpreußen befaßt hat. Mir, dem Jüngeren, hat er zu Beginn meiner ostpreußischen Vortragsarbeit 1979 zahlreiche Tips gegeben und mit Dias aus Königsberg ausgeholfen, als noch keiner derartige neue Bilder aus dem nördlichen Ostpreußen hatte. Aber einen Tip brauchte auch er – wie er nämlich selbst nach Königsberg gelangen könne.

1981 war kein 1990 – heute lassen die litauischen Behörden ausländische Touristen mehr oder weniger frei durchs Land fahren. Und ähnlich ist es in den baltischen Nachbarrepubliken. Damals war nur eine stundenweise Abwesenheit von der Gruppe zu riskieren und Königsberg „auf die schnelle" einfach nicht zu machen. Von den jeweiligen baltischen Hauptstädten mehrere Hundert km entfernt; noch von Wilna nach Königsberg sind es 297 km! Der Bericht über seinen ganztägigen Königsberg-Aufenthalt im Sommer 1981 schlug demzufolge wie eine Bombe ein – das war noch keinem Kenner gelungen. Keinem, der mit der Kleinkamera in der Hand und dem Wissen über das alte Königsberg präzise durch die Stadt lief und genau die Bilder fertigte, die bislang fehlten. Sein Bildband „Königsberg damals und heute – Bilder aus einer verbotenen Stadt" wurde ein Bestseller!

Der Freitod Brandts hat Willi Scharloff sehr getroffen. An eine Visumwiederholung mochte er nicht denken, auch in die DDR fuhr er vorsorglich nicht. Aber die Verhältnisse haben sich gottlob gebessert: Willi Scharloff war 1989 erneut im Baltikum und durfte diesmal sogar offiziell nach Königsberg einreisen!

Die Deutschen aus Königsberg und dem übrigen nördlichen Ostpreußen haben in zahlreichen Heimatkreis-Vereinigungen innerhalb der Landsmannschaft Ostpreußen seit 1945 das kulturgeschichtliche Erbe bewahrt, so gut es angesichts der immer dünner werdenden Jahrgänge der Erlebnisgeneration möglich ist. Von den neuen Bewohnern im „Kaliningrad-Gebiet" – wie das als Exklave zur RSFSR gehörende Nordostpreußen amtlich genannt wird – erfuhren wir die Jahre hindurch vergleichsweise wenig. Die überlebenden Deutschen wurden 1948 ausgesiedelt; 6000 Deutsche sollen im Memelland verblieben sein.

Von den rund 800 000 Einwohnern des Königsberg-Gebietes soll es nach einer Zählung vom 16. Januar 1990 noch 1300 Deutsche geben. Aber der wolgadeutsche Schriftsteller und Journalist Waldemar Weber hat im Mai 1990 dem „Ostpreußenblatt" mitgeteilt, daß es gar über 20 000 Rußlanddeutsche wieder in Nordostpreußen geben soll. Es handelt sich hier also um keine alteingesessenen Ostpreußen – von ihnen hat höchstens eine Handvoll die 1948er Aussiedlung durch Heirat mit Sowjetbürgern umgehen können. Die „Kaliningradskaja Oblast" wurde ab 1945 zum Experimentierfeld für gestrandete und versprengte Sowjetbürger. Für Menschen aller Nationen des Sowjetreiches, die der Krieg aus der Bahn geworfen hat. Diese Menschen haben bewußt deutsches Feindesland in Besitz genommen. Mit Feindgebiet geht man nicht liebevoll um. Es wird mißbraucht und benutzt, was nicht niet- und nagelfest ist. Erste Bilddokumente aus den 70er Jahren, die Helmut Peitsch in einem bis dato umfassenden Band „Wir kommen aus Königsberg – Nordostpreußen heute" vorstellte, garniert mit Berichten von Aussiedlern, sprachen eine deutliche Sprache. Nordostpreußen wurde erobert. Auf Ehrenplaketten heißt es schnörkellos:

„Sa Wsjatie Kenigsberga – Für die Einnahme Königsbergs". Nicht etwa für die Einnahme „Kaliningrads"! Die abwegigen polnischen Inschriften an historischen Gebäuden werden einem hier noch deutlicher bewußt, wenn dort z. B. in Allenstein von der „Befreiung Olsztyns" gesprochen wird. So seltsam es anmutet – die Russen gingen in Ostpreußen mit der Geschichte vor 1945 wahrheitsgemäßer um als die Polen. Ostpreußen war deutsch, die Städte Tilsit, Königsberg, aber auch Danzig und Breslau (Breslawl) hießen auch auf Russisch so, aber jetzt war Nordostpreußen als Kriegsbeute erobert – punktum. Vergleicht man das russische mit dem polnischen Ostpreußen, ist für den ersten Teil der Begriff „Verwahrlosung" der angemessene, während der polnische ganz gut abschneidet. Das mag der Besucher zwischen Elbing und Lyck – aus der Bundesrepublik kommend – ganz anders empfinden: er war halt noch nicht im russischen Nordteil. Es ist eben alles relativ: eine einzige restaurierte Backsteinkirche als Signum deutscher Vergangenheit in einem masurischen Nest ist eben eine Wohltat, wenn es im russischen Ostpreußen keine einzige erhaltene Dorfkirche gibt: entweder sind es Gebrauchsschuppen oder Ruinen. Für uns Deutsche eine knifflige Sache – die geschichtlichen Abläufe vor 1945 werden in den sowjetischen Medien bezüglich Ostpreußens leidlich richtig dargestellt und dafür ist das Land kaputt; im polnischen Südteil dagegen gibt es neben viel Schatten auch manches Licht, dafür sind aber die historischen Auslassungen zu „Ermland und Masuren" in polnischen Reiseführern noch häufig unbegreifliche Geschichtsklitterungen.

Gorbatschows Machtantritt hatte für Nordostpreußen alsbald konkrete Auswirkungen, als im Februar 1987 in der sowjetamtlichen Zeitschrift „Sowjetunion heute" ein gezielter Bericht über Königsberg erschien, der ja westliche Leser, vornehmlich uns Deutsche, erreichen sollte. Rückblickend läßt sich heute sagen, daß dieses Jahr die Wende bedeutete. Jetzt wurden Ruinen abgestützt, Fassaden erneuert, die Stadthalle wieder aufgebaut, der Dom doch nicht geschleift – deutlich also ein Zeichen gesetzt, das deutsche Erbe zumindest doch noch einzubeziehen in die weitere Stadtentwicklung. Und es bekamen Sowjetbürger das Sagen, die als kulturbewußte Stadtbürger Kontakte zu den Vorbewohnern suchten und in Königsberg zu retten versuchten, was zu retten ist.

Jurij Iwanow ist hier an erster Stelle zu nennen – Leiter der Sektion Kaliningrad des Sowjetischen Kulturfonds. Den Dom zu retten, das Grab des Astronomen Bessel und das Haus des Försters Wobster – wo sich Kant erholte – zu erhalten, das waren seine Initiativen. Ein Mann, der die deutsche Belagerung Leningrads durch- und überlebte, sucht zum Wohle Königsbergs den Kontakt zu den Deutschen. Mittlerweile gibt es verlegerische Kontakte mit den russischen Königsbergern, war die unermüdliche Marion Gräfin

Dönhoff mit einer neuen Kantbüste in Königsberg vorgefahren. Im Juli 1990 war Jurij Iwanow in Deutschland und sprach im „Haus Königsberg" in Duisburg über seine Arbeit vor Ort. Die russischen Stellen pflegen mit den deutschen Landsmannschaften einen unbefangeneren Kontakt als es die polnischen tun. Im Juli 1990 kam auch die erlösende Nachricht von dpa, daß Königsberg für Touristen geöffnet wird, gar ein Kreuzfahrschiff mit deutschen Gästen an Pillau vorbei die ostpreußische Hauptstadt würde besuchen dürfen. Aber eine Woche später dementierte der stellvertretende Bürgermeister der Stadt, Jurij Schaternikow, über die Nachrichtenagentur Nowosti: „Unsere führenden Militärs meinen, daß die Verwirklichung unserer Entscheidung (der Stadtverwaltung von Königsberg) zu einem Aufflammen revanchistischer Leidenschaften in bestimmten Kreisen der Bundesrepublik und der DDR führen kann." Sicher ist, daß deutsche Touristen an Danzigs Aufbau die Meßlatte anlegen und in Königsberg zunächst enttäuscht sein werden. Nach anfänglicher Freude, überhaupt nach Königsberg gekommen zu sein, wird das Urteil besonders der Alt-Königsberger für die sowjetische Seite wenig schmeichelhaft ausfallen. Keiner wird die Polen lieben wie die Königsberger. Wie sagte doch ein Königsberger einmal auf dem Marienkirchenturm in Danzig mit Blick auf die Hunderte von aufgebauten Häusern der Rechtstadt: „Ach, wäre doch Königsberg dann wenigstens auch polnisch geworden... !"

Wenn die sowjetischen Militärs – oder wer immer in puncto Königsberg-Öffnung das Sagen hat – noch länger abwarten, wird die Königsberger Erlebnisgeneration weggestorben sein. Ich bezweifele aber, ob das die Kritik der jüngeren deutschen Touristen am städtischen Gesamtkonzept und mehr noch am Erhaltungszustand Nordostpreußens mildern wird.

Und die Polen? Was haben Piłsudskis Nachfahren mit Königsberg zu schaffen? Piłsudski ist für viele Polen im Augenblick der Rückgriff auf Stärke, auf erfolgreiche Schlachten – Wałęsa möchte wohl dezidiert sein Erbe antreten. Piłsudskis Faszination scheint in der Mischung aus Bismarck und F. J. Strauß zu liegen – um es einmal westdeutsch zu übertragen. Piłsudski war „Jagiellone" und das verpflichtete ihn: Wiedergewinnung der alten „Rzeszpospolita", des alten Polen-Litauens mit all den Ländern zwischen Düna und Dnjestr, die zwischen 1386 und 1795 zu eben dieser polnischen Adelsrepublik gehört hatten – also nicht Schlesien, nicht Hinterpommern, nicht Ostpreußen: kurz und bündig hatte er einmal den schlesisch-polnischen Aufständigenführer Wojcech Korfanty abserviert, als der für ein polnisches Schlesien bei ihm vorsprach und ebenso unumwunden, fast jovial sind auch seine Worte zu Ostpreußen an Reichsaußenminister Stresemann gewesen.

Aber wir Deutsche sollten hier genauer formulieren: gewiß war Ostpreußen und mehrheitlich Westpreußen ethnisch 700 Jahre lang deutsch. Neben den eingewanderten Deutschen wurden die überlebenden Prußen zum Deutschtum assimiliert, aber selbst die viel später eingewanderten polnischen Masowier und Litauer wurden zumindest „Kulturdeutsche", denn die alles prägende Reformation hat seit dem 16. Jahrhundert auch anfangs polnisch und litauisch sprechende Menschen durch friedliche Assimilation zu Deutschen werden lassen. Es gab allerdings Polen im katholisch gebliebenen Ermland, dort bildeten sie sogar gelegentlich eine Oberschicht. In der 1920er Abstimmung im südlichen Ostpreußen schlug sich dieser Tatbestand z. B. in einem auffälligen 12%igen Minderheitenvotum in Allenstein-Land für die polnische Seite nieder. Ansonsten stimmte ja ganz Masuren mit triumphierenden 97,5 % für die deutsche Seite und von einem „polnischen Masuren" konnte keine Rede mehr sein. „Deutsch" meint also zunächst die kulturell-sprachlich-gesellschaftliche Hinwendung, deutsch heißt nicht, daß Ostpreußen immer zu „Deutschland" gehört hat. Zum „Heiligen Römischen Reich Deutscher Nation" (dem 1. Reich bis 1806) hat Ostpreußen nicht gehört; dessen Grenze endete in Hinterpommern. Und auch zum Deutschen Bund (1815–1866) gehörte es nicht,

wohl aber in beiden „Deutschlands" zu Preußen. Was bei Schlesien ganz einfach ist, (Teil jeden Deutschen Reiches ab 1335), ist bei West- und Ostpreußen staatsrechtlich sehr viel verworrener. Preußens westliche Hälften gehörten zum „Reich", seine östlichen nicht. Deshalb sprachen die Ostpreußen z. B. von einer Reise „ins Reich". Erst mit dem 2. Reich (1871–1918) war Ostpreußen reichsdeutsch geworden – und dann also bis 1945. Stellen wir uns einen polnischen Diskussionsteilnehmer vor, dem daran läge, die deutschen Anteile des alten Ordensstaates so weit wie möglich zu mindern – dann kann er ganz zu Recht behaupten, von den 700 Jahren seiner Geschichte hätten West- und Ostpreußen keine 80 Jahre zu Deutschland gehört! Wie das klingt! Aber es kommt noch besser: denn 200 Jahre – so unser polnischer Geschichtslehrer – war es (für ihn) polnisch! Jawohl – da hilft kein Protest und Zittern der Ostpreußen: ab 1466 war der Ordensstaat der Polnischen Krone lehenspflichtig (wie auch immer) und 1525 nimmt Herzog Albrecht sein Land vom polnischen König zu Lehen.
(Aufhebung 1656–1660)

Diese Sequenz der Beweisführung bringe ich hier, weil ich sie dutzendfach in Polen vor Ort erlebt habe und es schließlich so den Schülern gelehrt und in jedem polnischen Geschichtsatlas durch entsprechende farbige Flächigkeit der Landkarten auch optisch unter Beweis gestellt wird. Solche „strittigen" Diskussionen lassen sich erheblich abkürzen, wenn wir gleich bei derlei Fragen nachhaken, welches „deutsch" gemeint ist – das staatsrechtliche oder das ethnische. Man muß auch griffige Beispiele mit umgekehrten Vorzeichen parat haben: die polnische Minderheit im Oppelner Gebiet gab es seit Jahrhunderten, aber Schlesien hat spätestens seit 1335 bis 1945 eben nie mehr zu Polen gehört. Wenn wir nun dem polnischen Kollegen sagten, daß Schlesien zu Böhmen, Österreich, Ungarn und Preußen-Deutschland gehört hat, so als gäbe es gar keine polnischen ethnischen Bezüge, so wäre er gewiß ebenso unzufrieden mit unserer Darstellung, wie wir mit seiner ostpreußischen.

Wir meinen hier also die Menschen, die Sprache, die Religion, die Wirtschaft, die Leistungen – also das ganze Land. Und das war deutsch. Polnisch jedenfalls war Ostpreußen nicht. Wer mit 97,5 % eine Abstimmung gewinnt, hat die Abstimmung als überflüssig entlarvt. Was am 11. 7. 1920 die Alliierten erstaunte – nicht natürlich die Ostpreußen selbst – war eine Folge falscher Zahlenangaben polnischer Einflüsterungen bei den Entente-Mächten in den Pariser Vorortverträgen. Polen forderte bei Kriegsende ja neben Posen, Westpreußen, großen Teilen Schlesiens und kleineren Teilen Pommerns auch Ostpreußen. In einer am 8. Oktober 1918 in Washington dem US-Präsidenten W. Wilson vorgelegten Denkschrift formulierte der polnische Vertreter bei der Pariser Friedenskonferenz Roman Dmowski und spätere Außenminister wie folgt: „(es) sind nur zwei Lösungen der ostpreußischen Frage möglich: entweder die Provinz Königsberg, ...muß mit dem polnischen Staate auf der Basis der Autonomie vereinigt, oder es muß eine kleine unabhängige mit Polen durch Zollunion verbundene Republik werden". Auch der britische Minister Balfour konnte in einer Denkschrift 1917 von Dmowski erfahren: „Königsberg zugleich mit dem die Stadt umgebenden Ländchen muß, da es zum geographischen Gebiete Polens gehört, früher oder später sich mit Polen verbinden, in unser Wirtschaftssystem aufgehen... Allmählich sind die Beziehungen immer normaler geworden, während die Zugehörigkeit Ostpreußens zu Deutschland notwendig einen pathologischen Zustand schafft."

Wenn etwas pathologisch war, dann das polnische Verhältnis zu Ostpreußen seit der reellen Chance einer polnischen Wiedergeburt zu Beginn des 1. Weltkrieges. Daß Ostpreußen „nur oberflächlich germanisiert" sei und hoffentlich „diese freche deutsche Burg in den slawischen Gebieten langsam verschwindet", sind die harmloseren Zitate aus der Fülle der Denkschriften und Pamphlete, in denen die eigenen Leute verrückt gemacht und das Gesamtklima vergiftet wurde. Immerhin blieb Königsberg nach dem 1. Welt-

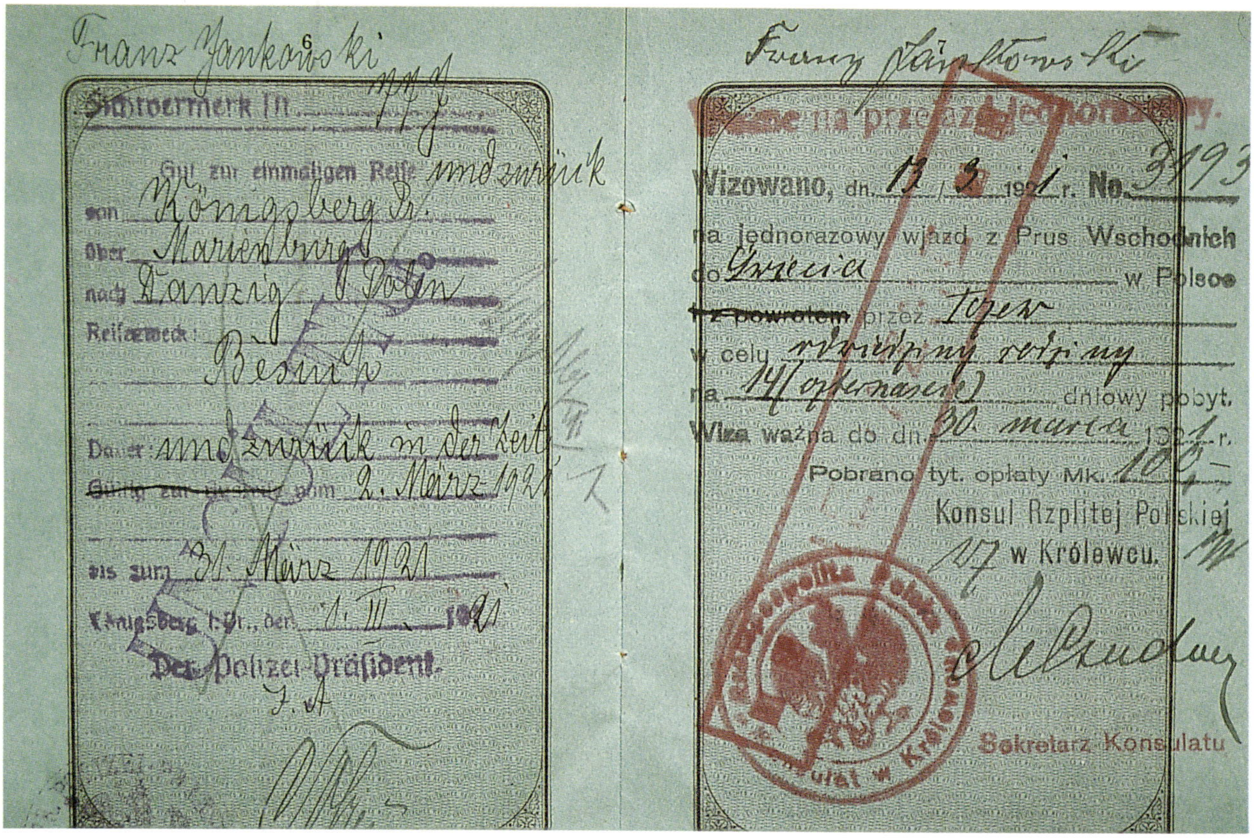
Franz Jankowski
Sichtvermerk Nr.
Gilt zur einmaligen Reise und zurück
von Königsberg Pr.
über Marienburg
nach Danzig
Reisezweck:
Besuch
Dauer: und zurück in der Zeit
vom 2. März 1921
bis zum 31. März 1921
Königsberg i. Pr., den 1. III. 1921
Der Polizei-Präsident.
I. A.
Franz Jankowski
Wizowano, dn. 13 / 3 1921 r. No. 3193
na jednorazowy wjazd z Prus Wschodnich
do ... w Polsce
z powrotem przez Tczew
w celu
na 14 (czternaście) dniowy pobyt.
Wiza ważna do dn. 30 marca 1921 r.
Pobrano tyt. opłaty Mk. 10,-
Konsul Rzplitej Polskiej
w Królewcu.
Sekretarz Konsulatu

Polnisches Visum für Schwetz, ausgestellt in Königsberg 1921

krieg reichsdeutsches Gebiet und das Danziger Schicksal ihm erspart. 17 Konsulate gab es zwischen den Kriegen in Königsberg – natürlich auch ein polnisches. Und ausgerechnet derjenige polnische Publizist, der den Erwerb Ostpreußens in vielfältigen Schriften und Büchern geschickt thematisiert hat, wurde von 1921–23 dort polnischer Generalkonsul: Stanisław Srokowski.

Für Polen war gleich zu Beginn Ostpreußen ein irgendwie eigenes Gebilde; daß es genauso wie Lippe-Detmold reichsdeutsch war, vermied man sorgfältig zu erwähnen. Das für einen Deutschen Franz Jankowski 1921 in Königsberg (w Królewcu) ausgestellte polnische Visum galt für eine Reise „z Prus Wschodnich" (von Ostpreußen!!) nach Schwetz in Polen. Nicht etwa von Deutschland nach Polen. Als nach 1945 das südliche Ostpreußen der polnischen Verwaltung unterstellt wurde, hat Nachkriegspolen aus der Fülle des argumentativen Vorkriegs-Schatzkästchen geschöpft. Deutschlands Ostgebiete hießen auf polnisch jetzt „Ziemie odzyskane" (= wiedergewonnene Gebiete). Meint man damit die eigenen Träume, wäre der Terminus gerechtfertigt, mit der Realität aber hat diese Neulandbezeichnung wenig zu tun. Wie konnte man Stettin „wiedergewinnen" nicht aber Greifswald? Wenn Bartenstein „wiedergewonnen" wurde, wieso dann nicht Tilsit (poln. Tylża!) oder gar Königsberg (poln. Królewiec)! Rückblickend betrachtet ist die polnische Terminologie für die vom Deutschen Reich gewonnenen Territorien eine verhängnisvolle Geschichtslüge, weil nun mit aller publizistischen Macht das ewig Polnische an diesen „oberflächlich germanisierten" Ländern bewiesen werden mußte.

Da die Russen nicht von „wiedergewonnenen" Gebieten, sondern von höchstens „gewonnenen" sprechen, liegt logischerweise schon deshalb einer der beiden Landgewinner-Staaten schief. Denn wie man's dreht und wendet – die Sache geht nicht auf: entweder wurden die deutschen Gebiete als Folge des von uns begonnenen Krieges annektiert und nach der Flucht und Vertreibung der Deutschen mit Polen und Sowjetbürgern neu besiedelt oder aber es handelt sich bei Ostpreußen z. B. um wiedergewonnene Gebiete – dann aber hätte Polen auch Königsberg und Umgebung bekommen müssen, denn das ist ja schließlich ein integraler Teil Ostpreußens, für den schon Generalkonsul Srokowski so emsig gerungen hatte.

Wenn dereinst die polnisch-sowjetische Grenze in Ostpreußen geöffnet sein wird, könnten sich vielleicht die polnischen Geschichtsmythen versachlichen. Ich hoffe insbesondere, daß nach der Anerkennung der deutsch-polnischen Grenze den polnischen Geschichtsklitterungen das Wasser abgegraben wird – bislang ins Feld geführte Bedrohungsängste sollten jetzt entfallen. Es ist grausame Ironie – jetzt, wo die Zahl der deutschen Denkmäler und schriftlicher Spuren erheblich dezimiert ist, gibt am Ende Polen doch zu, wie deutsch die Oder-Neiße-Gebiete gewesen waren. Aber jetzt ist es für die Betroffenen fast schon zu spät.

Im nördlichen Ostpreußen stünde ein Restaurierungswerk an, das den darin gut erprobten Polen vielleicht besondere Freude machen würde: Erhalt und Aufbau der zerstörten und verwahrlosten Backsteinkirchen-Substanz. Ich kenne Polen aus Allenstein, die in den 70er Jahren per Paddelboot über die Alle nach Königsberg fahren durften – nach Besichtigung des russischen Kaliningrad (ohne jedes Gotteshaus!) schlugen sie die Hände über den Kopf zusammen. Am Ende finden sich gar noch die Deutschen und Polen im Hochmut gegenüber den Russen? Die europäischen Konstellationen des Hochmuts gegen Dritte sind noch nicht ausgereizt.

Übrigens könnte man mit Polen schnell einen würdigeren Stil der Argumention aufbauen, wenn man von der direkten deutsch-polnischen Konfrontation auf einen dritten Schauplatz blickte, dorthin nämlich, wo sie ähnlich wie wir Deutsche eine ähnliche Kolonisations- und Kulturgeschichte aufzuweisen haben: im Baltikum. Was Reval und Riga seit 750 Jahren für die deutsche Geschichte bedeuten, war Wilna seit 600 Jahren für die polnische. Also gewissermaßen hinter dem hintersten Winkel Ostpreußens tut sich plötzlich eine ungeahnte Welt der Kulturparallelen auf. Das Baltikum wurde in Est-, Liv- und Kurland deutsch geprägt und in Litauen polnisch geprägt. Bei Dünaburg, also in Polnisch Livland, berührten sich die beiden Teile.

Die Litauer haben heutzutage im Westen eine gute Presse – die ganze Art und Weise wie „Landsbergis es den Russen gezeigt hat", hat im Westen eine Art David-Sympathie gegen Goliath gefördert. Von den drei hier erwähnten Nachbarn der Deutschen können wir die Litauer sicher am besten leiden. Das hat freilich mit der gleichen Sympathie zu tun, die wir zu den Isländern hegen: mit denen gibt es nie Berührung, von ihnen weiß man nichts – da ist es leicht, einen gern zu mögen. Das war noch vor dem 2. Weltkrieg gänzlich anders. Die Älteren erinnern sich an litauische Freischärler, die 1923 bei Nacht und Nebel das autonome Memelgebiet annektierten und anschließend bis 1938 das Kriegsrecht über den nordöstlichen Zipfel Ostpreußens verhängten, weil sie anders der Lage nicht Herr geworden wären. Die Litauer haben wir nicht recht verknusen können, das Land war visumpflichtig für Reichsdeutsche. Da war Lettland doch etwas ganz anders – visumfrei konnte jeder Deutsche einreisen und beim Transit zwischen Tilsit und Riga waren sich die Deutschen aus dem Reich und dem Baltikum einig: Litauen taugte nichts, das war ein bißchen Polen ähnlich – ärmlich, unterentwickelt und katholisch.

Ich war 1976 das erste Mal in Litauen, privat von Reval mit dem Flugzeug nach Wilna gekommen. Das gab es damals schon, aber das KGB war einem ständig auf den Fersen, denn Einzeltouristen fielen völlig aus dem Rahmen des ohnehin dünnen Gruppentourismus. Die Urteile über die Litauer schienen sich für mich sofort zu bewahrheiten, denn der damalige Intourist-Chef von Wilna hat mir das Leben so schwer wie möglich gemacht – Ausflüge nach Kowno abgelehnt oder so verteuert, daß sie undurchführbar wurden. Von Memel gar nicht erst zu reden. Da waren die polnischen Touristen doch ganz andere Leute: bevor ich mit Polen überhaupt in Schlesien oder Ostpreußen zu tun hatte, traf ich sie in deren alten Kulturmetropole „Wilno", die wir Wilna und die Litauer Vilnius nennen. 1976 war eine vergleichsweise gute Zeit für die Polen gewesen – schon relative innere Freiheit, dazu Auslandspässe in den Westen (wie in keinem anderen Ostblockland), eine Art Gulaschkommunismus der Gierek-Zeit, d. h. als Touristen, zumal noch in der bedeutend schlechter gestellten Sowjetunion, traten die Polen selbstsicher auf und ließen es auch andere Ostblocknachbarn spüren.

Und hier in Wilna habe ich mein sprachlich-historisches Gerechtigkeitsgefühl trainiert! Polen in ihrer verlorenen Stadt Wilna haben mich auf Dinge gestoßen, die mir bis dato gar nicht zugänglich waren: durch einen netten Zufall hatte mich eine polnische Touristengruppe aufgegabelt und – ohne daß es die litauische Stadtführerin merkte – einen ganzen Tag durch „ihr" Wilna mitgenommen.

Die polnisch sprechende Litauerin konnte sagen was sie wollte: entweder war es falsch, oder einseitig oder abwegig. Die Reaktionen im Bus waren halblauter Protest oder empörtes Schmunzeln. Ich konnte deutlich fühlen, daß die Polen recht hatten. Sie wußten auch alle besser Bescheid, sie waren ja weit überwiegend alle aus Wilna, das war doch ihre Stadt, in der sie gelebt hatten! Die Litauerin war Tochter von litauischen Einwanderern, die erst nach 1939 in Wilna zugezogen waren – in Wilna lebten keine 3 % Litauer vor 1939! Als aber diese litauische Stadtführerin in polnischer Sprache von „Vilnius" redete, wurde es den Polen zu bunt: „Wilno, Wilno" riefen sie von hinten aus dem Bus überlaut nach vorne.

Das habe ich mir gemerkt, weil es mich beeindruckt hat. Und es ist hier zweierlei anzumerken: zum einen trauen sich unsere deutschen Touristen so laut nicht, den Namen „Breslau" nach vorne zu rufen, wenn die polnische Stadtführerin durch „Wrocław" begleitet. Viele von uns schlucken das stillschweigend. Und zum anderen frage ich höflich alle, die es in Polen noch betrifft, warum sie in Wilna zu Recht praktizieren, was sie uns in Breslau zu Unrecht verwehren? In Breslau wohnten übrigens vor 1945 nicht einmal 1 % Polen!

Keine leichte Sache für die Litauer: in Wilna muß polnische Kulturdominanz neutralisiert werden, mit Memel und dem Memelland erbte man reichsdeutsche Gebiete und ganz allgemein war noch eine schleichende Russifizierungstendenz seit dem Zarenreich, aber viel mehr ja in der Sowjetzeit abzuwehren. Das führt ganz zwangsläufig zu einem erheblichen Nationalismus. Die Russen spüren ihn zuerst. Da sie zuvorderst den verhaßten Sowjetstaat repräsentieren, ist dieses Verhältnis am gespanntesten. Die Polen sind als nächste dran – sie fürchten eine Schmälerung ihrer Minderheitenrechte und stimmten schon mit den Russen gegen die Litauer. Man wird sehen, wie es weitergeht. Immerhin war das Verhältnis zwischen den beiden Weltkriegen katastrophal, da mag man jetzt zufrieden sein. Bleiben die Deutschen: das Entgegenkommen ihnen gegenüber in kultureller Hinsicht am Beispiel Memel und Umgebung ist mehr als überraschend. Eine Art „Befreiungsschlag nach Osten", in dem man im Memelland „den Westen" herein ließ – das waren wir. Es ist ganz offensichtlich, daß die Litauer mit einer bewußten Rezeption der deutschen Geschichte ihres heutigen Staates selbst zum Westen wollen. Und zugleich über den russischen Teil Ostpreußen eine Art Patronage aufgebaut haben. Gesetzt den Fall, Litauen würde tatsächlich demnächst staatliche Selbständigkeit erlangen, dann würde das „Kaliningrad-Gebiet" der Sowjetunion in der Luft hängen. Wäre wieder eine Insel – aber diesmal von Moskau aus – wie sie es schon einmal nach Versailles von Berlin aus war.

Am 8. Februar 1990 wurde in Wilna das

Statut einer Brudergemeinschaft namens „Prussa" angenommen; Wiederbelebung der altprußischen Sprache, Erneuerung der prußischen Kultur zwischen Weichsel (!), Masuren und der Memel (also in Nordostpreußen), Bildung eines neuen prußischen Volkstums aus den früher deutschen Bewohnern (!) und den heute dort lebenden Sowjetbürgern. Leiter der Brudergemeinschaft ist der „Hochmeister"! Da staunen wir Deutsche nicht schlecht – Ideen haben die Litauer: sehr kooperativ, sehr geschichtsbemüht. Was nur die Russen dazu sagen werden? Nordostpreußen soll entrussifiziert und neuprußifiziert werden. Das Statut hat 50 Paragraphen – solch einen Verein hat es für Ostpreußen noch nie gegeben! Und man ist bereits aktiv geworden – litauische Denkmäler im Königsberg-Gebiet wurden errichtet, litauische Namen alter ostpreußischer Orte und Straßen reaktiviert. Wird die „Kaliningradskaja oblast" zu einem litauischen Staatsteil werden? Möglich ist heutzutage alles.

Es gibt manchen Bezug der Russen zu Königsberg, der uns zum Ausgangspunkt unserer Betrachtung zurückführt: der deutsche Dichter aus dem Zarenreich August von Kotzebue war russischer Konsul in Königsberg, Königsberg war sogar einmal russisch (1758–62) geworden, und die Huldigung der Königsberger Stände für die Zarin Elisabeth hat Friedrich d. Gr. so vergrätzt, daß er danach nie mehr ostpreußischen Boden betreten hatte! Aber die Bezüge der Litauer zu Ostpreußen und insbesondere Königsberg sind viel bedeutsamer und grundsätzlicher Erörtung wert. Während ihrer Zugehörigkeit zum Zarenreich (1795–1918) waren sie nicht nur einer starken Polonisierung durch den polnischen Klerus und Adel ausgesetzt, sondern zugleich waren auch litauische Druckschriften in lateinischer Sprache bis 1904 (!) verboten. So druckte man im ostpreußischen Tilsit litauische Schriften und schmuggelte sie über die Grenze nach Rußland. Genauer: von Klein-Litauen nach Groß-Litauen. Im Regierungsbezirk Gumbinnen, dem früheren „Preußisch-Litthauen" hat die litauische Sprache nicht nur entscheidende Impulse für die litauische Nationalbewegung entfalten können, hier wurden überhaupt die ältesten litauischen Schriftdokumente gefertigt.

Königsberg war unter Herzog Albrecht zum Mittelpunkt der Reformation in Osteuropa geworden. Der Begründer der ersten lutherischen Landeskirche der Welt (Herzogtum Preußen) schuf auch die zweitälteste evangelische Universität der Welt – die Albertina. Königsberg war eine bewußte Gegengründung zu Krakau, um dem katholischen Einfluß dieser polnischen Universität zu entgehen. 1545 und 1571 wurden hier die beiden fast einzigen Schriftdenkmäler (Katechismus) der ausgestorbenen Prußen gedruckt. Königsberg kann stolze Erstlingstaten im Buchdruck vorweisen: erste polnische Übersetzung des Kleinen Katechismus (1530), erste polnische Übersetzung des Neuen Testamentes (1552), die erste litauische Übersetzung des Kleinen Katechismus (1547) – letzteres zugleich das älteste (!) Prosawerk der litauischen Sprache. Aber auch die Letten finden ihr ältestes erhaltenes Literaturdenkmal mit dem „Handbuch" (1586/87) in Königsberg.

Und wir Deutsche finden in Litauen auch noch ein Denkmal, das Königsberg in den Mittelpunkt stellt, aber Deutsche und Russen zueinander führt und der Freiheit Bahn bricht. Das muß man sich zweimal vorsagen, weil es zu utopisch klingt! Dieses Denkmal ist umso sensationeller, weil es einer „preußisch-russischen" Allianz huldigt. Preußen, so wissen wir, ist doch durch das alliierte Kontrollratsgesetz Nr. 46 vom 25. 2. 1947 aufgelöst worden! Das nachfolgende Denkmal steht zweisprachig (litauisch und russisch) etwas abseits der Straße nach Tauroggen, kurz hinter der alten ostpreußischen Grenze nach Litauen und ist erstaunlicherweise von den litauischen Behörden bereits (oder erst?) 1976 aufgestellt worden. Aber 1976 ging das ohne Plazet aus Moskau nicht. Umso bemerkenswerter!

In der russischen Erinnerung gibt es mehrere spektakuläre Allianzen mit den Deutschen: Skepsis einflößende wie den Rapallo-Pakt,

tödliche wie den Hitler-Stalin-Pakt, und nun endlich Frieden verheißende wie den „Kaukasus-Pakt" von 1990. Aber der erste all dieser berühmten Verträge war die „Konvention von Tauroggen 1812" zwischen dem Preußen Yorck und dem „Russen" Diebitsch (der schlesischer Deutscher in Zaren-Diensten war). Die mutige Tat bedeutete das Ausscheren der den Franzosen unterstellten preußischen Truppenteile und zugleich das Signal zur allgemeinen Erhebung gegen Napoleon zunächst in Königsberg und dann in Breslau: Die Befreiungskriege beginnen mit Tauroggen:

„Hier unterzeichneten in der ehemaligen Poscheruner Mühle am 30. Dezember 1812 der Generalleutnant des Königreiches Preußen G(raf) Yorck und der russische Generalmajor Diebitsch die Konvention von Tauroggen über das gemeinsame Handeln gegen die Armee des französischen Kaisers Napoleon".

Dieser Essay kann selbst nur die Königsberger Leistungen von Rang nicht im entferntesten würdigen – da müßten viele berühmte Königsberger gestern und heute incl. seiner Nobelpreisträger lange Spalten füllen. Er soll vielmehr den Ort Königsberg heute deutlich machen – und welche Querverbindungen zu den Nachbarn hier gezogen werden können. Drei lettische Videofilmer fragten unlängst an der Kirchenruine in Balga eine russische Oma, wie alt denn diese Ruine sei: „700 000 Jahre!", meinte sie.

Tja, Siebenhunderttausend Jahre – das ist die Unendlichkeit. Agnes Miegel hat einmal gedichtet, daß Königsberg unsterblich sei. Das läuft wohl auf das gleiche hinaus. Hoffentlich bleibt es aber auch so – denn wir wollen Königsberg noch und immer wieder besuchen!

Findex

Ortsnamenkonkordanz deutsch-russisch

Abschwangen	Tisino
Adamischken	Cistopol'e
Adl. Grünhof (Georgenau)	Roscino
Agnesenhof	Kurortnoe
Allenau	Porec'e
Allenburg	Druzba
Almenhausen	Kastanovo
Alt Gertlaucken	Novaja Derevnja
Alt Kattenau	Furmanovka
Alt Lappoenen	Dacnoe
Altendorf	Visnevoe
Altenkirch (Budwethen)	Malomozajskoe
Althof Ragnit	Micurinskij
Altkrug (Preußend.)	Pervomajskoe
Altsnappen (Rucken)	Ostrogozskoe
Angerapp (Darkehmen)	Ozersk
Argenbrück (Neu Argeningken)	Novokolchoznoe
Argendorf	Priozer'e
Arnau	Marjino
Astrau (Groß Astrawischken)	Krasnö
Asunai (Assaunen)	Asuny
Augstagirren	Sosnovka
Auklitten	Progress
Aulenbach (Groß Auluwönen)	Kalinovka
Auxinnen	Raskazovo
Auxkallen	Jasnopolskoe
Bajoren Gr.	Maiskoe
Balga	Veseloe
Ballethen	Sadovoe
Ballgarden	Balgardis
Bambien	Bambliai
Baubeln	Obojany
Beynuhnen Gr.	Cernysevka
Bilderweiten (Bilderwaitschen)	Lugovö
Bindemark	Kadymka
Biothen	Malinovka
Birkenmühle (Mehlkehmen)	Kalinino
Bladiau	Pjatidoroznoe
Bludau	Kostrovo
Böttchersdorf	Sevskö
Bokellen	Frunsenskaja
Brandenburg	Usakovo
Bredauen	Jagodnoe
Breitenstein (Kraupischken)	Uljanovo
Budupönen Alt	Kalinovo
Carolinenhof	Novoströvo
Cranz	Zelenogradsk
Dantzkehmen	Sosnovka
Deutsch Wilten	Jermakovo
Deutsch Wilten	Ermakovo
Didlacken	Telmanovo
Dinglaucken (Germbern)	Zadoroznoe
Dirschkeim Groß	Donskoe
Dollkeim	Kovrovo
Domellkeim	Filippovka
Domnau	Domnovo
Dopönen	Pokryskino
Drugthenen	Gusevka
Ebenrode (Stallupönen)	Nesterov
Ebertann (Schilleninken)	Chlebnikovo
Egglenischken	Ckalovo
Elchwerder (Nemonien)	Golovkino
Entzuhnen	Repino
Eschenburg	Visnevka
Eydtkuhnen	Cernysevskoe
Fischhausen	Primorsk
Fohlental	Novoural'sk
Friedenburg	Dvorkino
Friedland	Pravdinsk
Friedrichsdorf	Gastellovo
Fuchsberg	Cholmogorovka
Gailboden (Malenuppen)	Zadoroz'e
Gallgarben	Marsal'skoe
Gallinden	Galiny
Gartendorf	Tjulenino
Gaudischkehmen Gr.	Krasnopojanskoe
Georgenburg	Maevka
Georgental	Dovatorovka
Gerhardsgrund (Liedemeiten)	Ochotnoe
Germau	Ruskoe
Germau (Kirpehnen)	Povarovka
Gerskullen	Ganovka
Gerwischkehmen	Priozerskoe
Globuhnen (Sollnicken)	Medovoe
Göritten	Puskino
Goldbach	Slavinsk
Grenzberg	Pridoroznoe
Grieben	Olechovo
Groß Baitschen	Podgorovka
Groß Baum (Groß Labehnen)	Sosnovka
Groß Bubainen	Berezkovskoe
Groß Gnie	Gusevo
Groß Lindenau	Ozerki
Groß Sausgarten (Naumienen)	Berezovka
Groß Schinau (Bittkallen)	Dal'nee
Groß Skaisgirren	Bolsakovo
Groß Waltersdorf (Walterkehmen)	Olchovatka
Groß-Friedrichsburg	Sovchosnoe
Groß-Legitten	Mordovskoe
Großkuhren	Primor'e
Gründen	Zeljonoe
Grünheide	Kaluzskoe
Gudwallen	L'vovskoe
Gumbinnen	Gus'ev
Gutenfeld	Lugovoe
Haffwinkel (Labagienen)	Zalivino
Hagelsberg	Michajlovo
Hardteck (Groß Rominten)	Krasnoles'e
Haselberg (Lasdehnen)	Krasnoznamensk
Heiligenbeil	Mamonovo
Heiligenkreuz	Krasnotorovka
Heinrichswalde	Slavsk
Herdenau (Kallmingken)	Prochladnoe
Hermsdorf	Pogranicnyi
Herzogskirch (Niebudszen)	Krasnogorskoe
Herzogsrode	Gavrilovo
Heydekrug Gr.	Vzmorje
Hochfließ (Augstupöhnen)	Kalininskoe
Hochlindenberg	Podlipovo
Hohenbruch (Lauknen)	Gromovo
Hohensalzburg (Lenkwethen)	Lunino
Ilmsdorf	Novo Bobrujsk
Inse	Pricaly
Insterburg	Cernjachovsk
Ischdaggen	Lermontovo
Jänichen (Jänischken)	Svoboda
Jagsten	Poddub'e
Jodingen (Spucken)	Jasnopoljanka
Jodlauken	Volodarovka
Judschen	Veselovka
Jürgensfelde (Jurgaitschen)	Judino
Kaimen	Voronovo
Kaimen (Kaymen)	Zarec'e
Kallinowen	Kalinovo
Kallwellen	Poljanskoe
Karalene	Zeljony Bor
Karben	Prigorkino
Karkeln	Mysovka
Karschau	Kiselovka
Kiauten	Smirnovo
Kirschkeim	Fevral'skoe
Klaschenen	Sevcenko
Klaussen	Klusy
Klein Gnie	Mozyr'
Klein Scharlack	Nachimovo
Kleschauen	Kutuzovo
Klinthenen	Znamenka
Knöppeldorf	Rassvet
Knutzen	Krasnorec'e
Kobbelbude	Svetloe
Königsberg	Kaliningrad
Königskirch (Jurgaitschen)	Kanas
Konradswalde	Konstaninovka
Korehlen	Sovetskoe
Kowarren	Zaozernoe
Kraam	Gracevka
Kraupischkehmen	Zalivnoe
Kremitten	Lozovoe
Kreuzburg	Slavskoe
Kreuzhöhe	Kudirkos-Naumestis
Kubbeln	Podduby
Kuckerneese (Kaukehmen)	Jasnoe
Kuikeim	Morgunovo
Kumehnen	Kumacevo
Kunigehlen	Otradnoe
Kurschen	Rakitino
Kussen	Vesnovo
Kutschditten	Znamenskoe
Labiau	Polessk
Labitten	Lugovskoe
Lampasch	Nadezdino

Langendorf	Sokolniki
Lapkeim	Lapkiemy
Laptau	Muromskoe
Lasdinehlen	Visnevka
Laszeninken	Derzavino
Laukischken	Saranskoe
Lauth	Isakovo
Lengfriede (Milluhnen)	Iljusino
Lesgewangminnen	Melnicnoe
Lichtenhagen	Jablonevka
Liebenfelde (Mehlauken)	Zaless'e
Lobegallen	Tolstovo
Löwenhagen	Komsomolsk
Ludwigsort	Laduskin
Mallwen (Mallwischken)	Majskoe
Markthausen (Popelken)	Vysokoe
Mattischkehmen	Sowchoznoe
Medenau	Logvino
Migehnen	Mingainy
Mittelwarkau	Lipovka
Momehnen	Momajny
Moulienen	Michailovka
Mühlenhöhe (Groß Rudszen)	Poltavskoe
Mühlhausen	Gvardejskoe
Muldszen	Poltavskoe
Nadrau	Nizovka
Nautzken	Dobrino
Nemmersdorf	Majakovskoe
Neuhausen	Gur'evsk
Neukirch	Timirjazevo
Neukuhren	Pionerskij
Neulugau (Lugowen)	Cajkowskoe
Neunassau (Neunischken)	Privol'noe
Nordenburg	Krylovo
Norkitten	Mezdurec'e
Ober Eisseln	Garino
Ohldorf (Kulligkehmen)	Lipovo
Pabbeln	Karamysevo
Palmnicken	Jantarnyi
Parnehmen	Krasny Jar
Paskalwen	Dubki
Passmahlen	Severianka
Paterswalde	Bol'saja Poljana
Penken	Podgornoe
Petersdorf	Kuibisevskoe
Petersort	Beregovoe
Peterstal (Peterkehmen)	Ruc'i
Pillau	Baltijsk
Pillkoppen Alt	Morskoe
Plibischken	Gluskovo
Pobethen	Romanovo
Pogauen (Alxnupöhnen)	Vysokoe
Polleiken (Karpauen)	Nekrasovo
Pompicken	Grusevka
Popehnen	Zven'evoe
Poppendorf	Zorino
Porschken (Popitten)	Novomoskovskoe
Postnicken	Zalivnoe
Powunden	Chrabrovo
Pregelswalde	Zarec'e
Preuß	Rodniki
Preußisch Eylau	Bagrationovsk
Pronitten	Slavjanskoe
Purden Gr.	Purda
Puschdorf	Puskarevo
Quanditten	Otkosovo
Quedenau	Severnaja Gora
Ragnit	Neman
Rantau	Zaostrov'e
Raudcken	Krasnoe
Rauschen (Svetlogorsk)	Svetlogorsk
Rautenberg	Uzlovoe
Rauterskirch (Alt Lappienen)	Bol'sie Berezki
Ribben	Rybno
Rippen	Sovchoznoe
Rödersdorf	Novoselovo
Rossitten	Rybacij
Rosslinde (Brakupönen)	Kubanovka
Rudau	Melnikovo
Saalau	Kamenskoe
Sandkirchen (Wedereitschen)	Timofeevo
Sarkau	Lesnoj
Saugehnen (Saugwethen)	Scegly
Schaacken Kirche	Zemcuznoe
Schaaksvitte	Kasirskoe
Schaberau	Istrovka
Schakuhnen	Levobereznoe
Schellendorf	Babuskino
Schiewenau	Borskoe
Schillen (Szillen)	Zilino
Schillfelde (Schilldehnen)	Pob'edino
Schirwindt	Kutuzovo
Schittkehmen	Zytkiemy
Schloßbach (Pillupönen)	Nevskoe
Schloßberg (Pillkallen)	Dobrovol'sk
Schmagerau	Zaovraznoe
Schmalleningken	Smalnininkai
Schmilgen	Severnoe
Schmoditten	Rjabinovka
Schmolainen	Smolajny
Schönfeld	Nilovo
Schönmoor	Partizanskoe
Schorellen Gr.	Saratovskoe
Schützenort (Petrikatschen)	Prigorodnoe
Schulzenhof (Obehlischken)	Pen'ki
Schwentischken Gr.	Pugacovo
Seckenburg	Zapovednoe
Seepothen	Golubevo
Seerappen	Ljublino
Skirwieth	Borovoe
Sodehnen	Krasnojarskoe
Sommerau	Zagorskoe
Sorquitten	Sorkvity
Stablack (Waldkeim)	Dolgorukovo
Stockheim	Zaicevo
Strigengrund	Zagorskoe
Strobehnen	Sirokoe
Ströpken (Pregelau)	Usakovo
Sudau	Oktjabrskoe
Szamaitkehmen	Bolotnikovo
Szamaitschen	Solnecnoe
Szirgupöhnen	Dalnee
Tamowischken	Timofeevka
Tapiau	Gvardejsk
Taplaken	Talpaki
Tarputschen	Luzki
Tenkitten	Liotnoe
Tharau	Vladimirovo
Thierenburg (Klein Dirschkeim)	Dvoriki
Tilsental (Buttkuhnen)	Pokrovskoe
Tilsit	Sovjetsk
Tollmingen (Tollmingkehmen)	Cistye Prudy
Trakehnen	Jasnaja Poljana
Trappen (Trappönen)	Nemanskoe
Trausen	Lipnjaki
Trempen	Novostrojevo
Trömpau	Lazovskoe
Trutenau	Orlovka
Tulpeningen	Zarecnoe
Tutschen	Vatutino
Uderwangen	Cechovo
Uggehnen	Matrosovo
Uschballen	Krasnaja Poljana
Uszberszen	Fedorovo
Uszpiauen	Nikitovka
Waldau	Nizov'e
Waldaukell	Stepnoe
Wargen	Kotelnikovo
Wargienen	Aprelovka
Wargitten	Wargity
Warnicken	Lesnoe
Wartenburg	Barczevo
Warthen (Szamaitkehmen)	Sossejnoe
Weedern	Suvorovka
Wehlau	Znamensk
Weditten	Volocaevskoe
Wiecken (Wikischken)	Bagrationovo
Wietzheim	Bobrovo
Wilgaiten	Kolosovka
Wilhelmsberg (Klikutschen)	Jablonovka
Wingern (Grumbkowfelde)	Pravdino
Wischkiauten	Mochovoe
Wiskiauten	Machovoe
Wittenberg	Nivenskoe
Wosegau	Visnevoe
Zielkeim	Petrovo
Zimmerbude	Svetlyj
Zinten	Kornevo
Zweilinden (Stamaitschen)	Furmanovo

Unsere Reise nach Königsberg beginnt in Helmstedt. Millionen und Abermillionen von Menschen haben hier auf der Autobahn den ehemaligen Grenzkontrollpunkt zwischen den beiden deutschen Staaten passiert. Aber die wenigsten werden wohl den Autobahn-Wegweiser nach Breslau, Beuthen, Danzig und Königsberg wahrgenommen haben. Es ist der einzige seiner Art in ganz Deutschland. Er suggeriert, daß wir einfach so hinfahren können. Das mag für die polnisch gewordenen Städte stimmen, nicht aber für das russische Kaliningrad. 45 Jahre nach seinem Untergang 1945 ist Königsberg für jedweden ausländischen Tourismus gesperrt gewesen. Königsberg in Ostpreußen liegt im Dunkeln!

Königsberg in Ostpreußen, die nördlichste Großstadt des Deutschen Reiches bis 1945, auf einer bemerkenswerten ethnischen Landkarte. Ohne Verinnerlichung dieser völkischen Details, wie sie sich in Jahrhunderten herausgebildet haben, bekommt unsere Reise keinen europäischen Tiefgang. Das Vordringen der christlichen Deutschen in den heidnischen prußischen Siedlungsraum zwischen Weichsel und Memel führte zur Eindeutschung „Preußens". Die östlich der (rosa) Deutschen wohnenden (oliven) Litauer werden 1386 von den christlichen Polen vereinnahmt, die später eine ethnische Landzunge bis über Wilna hinaus an die Düna entfalten und einen kleineren Keil zwischen Deutsche und Litauer (Treuburg-Grodno) treiben. Dieser polnische „Höcker" ist auch ehedem prußisches Gebiet gewesen, zu dem der polnische Publizist Jan Józef Lipski seinen Landsleuten gegenüber ironisch anmerkte: „Wir haben es nicht gern, daran erinnert zu werden, wie wir mit Feuer und Schwert die Jadwinger unterjochten – das würde das Bild des polnischen Volkes verderben, das ja angeblich nie jemanden je unterjocht hat." Dieses südliche Jadwinger Gebiet (das nördliche haben wir Deutsche erobert) ging als ‚Suwalki-Zipfel' in die Geschichte ein. Die (rote) Nord- und Südgrenze Ostpreußens, die zugleich die deutsche Reichsgrenze bis zum 1. Weltkrieg, respektive bis 1945, war, ist das signifikanteste politische Detail der Landkarte: sie hatte seit dem legendären Frieden am Melno-See 1422 Gültigkeit und bildete somit über ein halbes Jahrtausend eine der ältesten Grenzen Europas. Die Masuren (von: Masowier) und Litauer innerhalb des preußisch-deutschen Staatsgebietes sind als Folge mehrerer Einwandererwellen aus Polen und Litauen im 15./16. Jh. zu verstehen, wobei die Annahme des evangelischen Glaubens beide Minderheiten zur kulturellen und sprachlichen Assimilation an die Deutschen führte. Das deutsch-polnisch-litauische Dreivölkereck war bis 1945 von (Weiß-)Russen und Juden durchmischt, wobei einige Städte wie z. B. Białystok noch 1914 einen jüdischen Bevölkerungsanteil von 75 % (1939: 45 %) besaßen. Russen lebten überall jenseits der ostpreußischen Grenze, weil seit der 3. Polnischen Teilung 1795 Zentral- und Ostpolen dem russischen Zarenreich anheimgefallen war. Juden lebten im Dreieck Wilna-Lublin-Kiew seit ihrer Flucht vor Pogromen aus dem mittelalterlichen Deutschland.

Ludwik Zamenhof wurde am 15. Dezember 1859 in Białystok geboren. Das sensible jüdische Kind wuchs mehrsprachig auf, lernte aber auch frühzeitig das Unheil der Vielsprachigkeit kennen, denn Polen, Juden, Deutsche und Russen rieben sich vielfach. Zamenhofs Entschluß mit der Beseitigung des Sprachenchaos' einen Beitrag zur Völkerverständigung zu leisten, führte ihn zur Konzipierung der „Lingvo Internacia". 1867 gab er in Warschau unter dem Pseudonym „Dr. Esperanto (= Der Hoffende)" sein erstes Lehrbüchlein der „Internationalen Sprache" heraus, die alsbald auf dem ganzen Erdball als Welthilfssprache Verbreitung fand. Die Zahl der Esperanto-Sprecher wird weltweit auf ca. 10 Millionen geschätzt. Zamenhof und Esperanto – geboren und entstanden als geistiges Produkt im Völker-Kosmos unweit der ostpreußischen Grenze.

Bis Grodno durchfließt die Memel als „Njeman" russisches, als „Niemen" polnisches Gebiet, um sich dann als „Nemunas" durch Litauen zu schlängeln. Bei Schmalleningken erreicht sie Ostpreußen. Auf dieser alten Postkarte von 1906 lesen wir einen zweisprachigen Aufdruck (russ.-polnisch) „Blick auf die Memel", abgestempelt mit russischer Briefmarke. Bis 1917 bildete die Memel hier in Grodno die polnisch-russische Grenze; nach dem 1. Weltkrieg gehörte Grodno zu Polen (mit je zur Hälfte Polen und Juden), nach dem 2. Weltkrieg verblieb sie als weißrussische Grenzstadt in der Sowjetunion. Auf der Eisenbahnstrecke Warschau-Wilna verläuft heute die polnisch-sowjetische Grenze unmittelbar südlich der Stadt und der Blick von der Memelbrücke auf Grodno ist der 1. Schnappschuß einer solchen Reise in die Sowjetunion.

Bild rechts:
Russische Einflüsse im deutsch-polnisch-litauischen Grenzgebiet gibt es allerorten: hier im polnischen Suwalki bekam die 1820–45 erbaute katholische Pfarrkirche einen (russischerseits sehr geschätzten) klassizistischen Säulen-Portikus verpaßt. Der „Suwalki-Zipfel" gehörte durch die 3. Polnische Teilung zwischen 1795 und 1807 zu „Neu-Ostpreußen" und durch Hitlers Annexionen zwischen 1939–45 zu Deutschland.

Grenzen wurden verschoben, seit Menschen Politik machen. Aber die anfangs heimliche, dann heimtükkischste Grenzfestsetzung des 20. Jahrhunderts war das deutsch-sowjetische Vertragswerk von 1939, das als „Hitler-Stalin-Pakt" in die Geschichte einging und in seinen Folgen bis heute spürbar bleibt. Am 23. August 1939 unterzeichneten der deutsche Außenminister v. Ribbentrop und sein sowjetischer „Kollege" W. Molotow den sensationellen „Nichtangriffsvertrag zwischen Deutschland und der Union der sozialistischen Sowjetrepubliken". In einem geheimen Zusatzprotokoll, das indes der betroffenen Umwelt nicht ganz so geheim geblieben war, wurde neben der Aufteilung Polens auch eine „Grenze der Interessensphären" in den „baltischen Staaten" verabredet, derzufolge Finnland (!), Estland und Lettland sowjetisch, Litauen aber deutsch zu werden hatten. Weniger bekannt ist der „Deutsch-sowjetische Grenz- und Freundschaftsvertrag" vom 28. September 1939, der ebenfalls ein geheimes Zusatzprotokoll aufweist. In ihm wird das deutsche Einflußgebiet in Polen arrondiert und dafür Litauen an Stalin verschachert. Von der litauischen Grenzzone um Mariampol, die an Deutschland fallen sollte, abgesehen, war nun das ganze Baltikum als künftige Beute der Sowjetunion auserkoren und konsequent hat Stalin zwischen dem 15. und 17. 6. 1940 Estland, Lettland und Litauen überfallartig besetzt. Eine der Vernichtung entgangene sensationelle Landkarte ist der historischen Forschung zugänglich: mit dem Datum 28. IX. 39 und von v. Ribbentrop rot unterzeichnet, weist sie auch Stalins Unterschrift auf, der mit dickem Blaustift aus seinem Namenszug heraus einen triumphierenden Abstrich von 58 cm Länge (im Original) nach unten geführt hat.
Das vertrauliche Protokoll führte alsbald zu bedeutenden Bevölkerungsverschiebungen in ganz Osteuropa. Hitler gab unmittelbar darauf Anweisung, die Deutschen aus Estland und Lettland in das Deutsche Reich zu evakuieren; entsprechende Verträge mit den (noch selbständigen!) Staaten wurden im Oktober 1939 geschlossen. Die Deutsch-Balten wurden in den von Polen entvölkerten „Warthegau" eingesiedelt. Das namenlose Völkerkarussell von Vertreibung, Deportation, Flucht und Tod kam nun in Gang. Mit einer im Januar 1941 erfolgten „Nachumsiedlung", die auch die 50 000 Litauen-Deutschen umfaßte, wurden insgesamt weit über 100 000 Deutsche von ihrem „Posten abberufen".

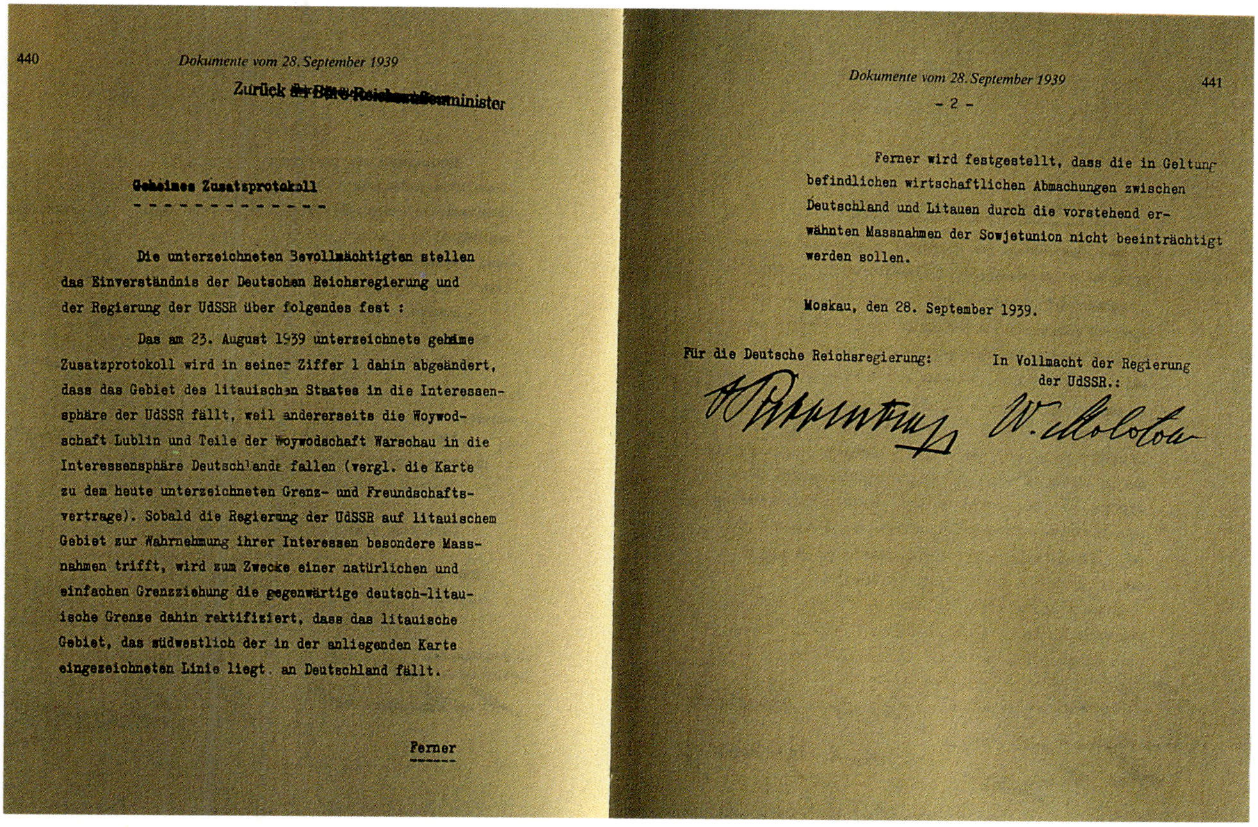

440 *Dokumente vom 28. September 1939*

Zurück an Büro Reichs[illegible]minister

Geheimes Zusatzprotokoll

Die unterzeichneten Bevollmächtigten stellen das Einverständnis der Deutschen Reichsregierung und der Regierung der UdSSR über folgendes fest :

Das am 23. August 1939 unterzeichnete gehime Zusatzprotokoll wird in seiner Ziffer 1 dahin abgeändert, dass das Gebiet des litauischen Staates in die Interessensphäre der UdSSR fällt, weil andererseits die Woywodschaft Lublin und Teile der Woywodschaft Warschau in die Interessensphäre Deutschlands fallen (vergl. die Karte zu dem heute unterzeichneten Grenz- und Freundschaftsvertrage). Sobald die Regierung der UdSSR auf litauischem Gebiet zur Wahrnehmung ihrer Interessen besondere Massnahmen trifft, wird zum Zwecke einer natürlichen und einfachen Grenzziehung die gegenwärtige deutsch-litauische Grenze dahin rektifiziert, dass das litauische Gebiet, das südwestlich der in der anliegenden Karte eingezeichneten Linie liegt, an Deutschland fällt.

Ferner

Dokumente vom 28. September 1939 441

- 2 -

Ferner wird festgestellt, dass die in Geltung befindlichen wirtschaftlichen Abmachungen zwischen Deutschland und Litauen durch die vorstehend erwähnten Massnahmen der Sowjetunion nicht beeinträchtigt werden sollen.

Moskau, den 28. September 1939.

Für die Deutsche Reichsregierung:

In Vollmacht der Regierung der UdSSR.:

Geheimes Zusatzprotokoll vom 28. September 1939 in Faksimile.
Das gesamte Vertragswerk ist auf Sicherungsfilmen enthalten, die im Politischen Archiv des Auswärtigen Amtes in Bonn lagern. Sie wurden im Büro v. Ribbentrops von ca. 10 000 Seiten der wichtigsten Akten angefertigt, die als Originale im Frühjahr 1945 wohl der Aktenvernichtung im schlesischen Krummhübel anheimfielen. Die UdSSR hat bis 1988 (!) die Existenz der geheimen Zusatzprotokolle vehement bestritten und als „bürgerliche Geschichtsfälschung" attackiert: erst jetzt findet sie quälend langsam zur historischen Wahrheit. Ironischerweise bestätigen nämlich die Faksimiles die Echtheit der Protokolle zuverlässiger als das Original. Ein solches könnte man notfalls fälschen, nicht aber eine ganze Filmrolle mit einer großen Menge anderer authentischer Dokumente, zwischen denen die Protokolle auftauchen.

Wasserburg Troki (lit. Trakai) bei Wilna. Unsere Reise nach Königsberg ist mit politischen Reflexionen und völkischen Details befrachtet, die wenig bekannt oder verschüttet waren. Die Geschichte des Deutschen Ordens im nachmaligen Ostpreußen weist mit der Tannenberg-Schlacht 1410 ein epochales Datum auf. Dahinter stand als raison d'être der (christliche) Kampf gegen die (heidnischen) Litauer, die mit Gedimin (lit. Gediminas) ab 1316 eine Großmacht im östlichen Mitteleuropa darstellten. Er und sein Sohn Kynstute (lit. Keistutis) regierten in Troki. Die mittelalterliche Wasserburg war auch das logistische Gefechtszentrum der Litauer 1410 und der in den vergangenen Jahren liebevoll restaurierte Backsteinkomplex mutet wie ein Kontrapunkt zur deutschen Marienburg an der Nogat an. Deutsche Touristen wähnen sich in Ostpreußen, denn die Wasserlandschaft von Troki ist gleichsam der fernste Ausläufer der masurischen Seenplatte.

Wilna, Deutsche Straße.
Jogaila (Jagiełło) verlieh 1387 Wilna das Magdeburger Stadtrecht, was den Zuzug von Deutschen förderte; freilich waren deutsche Missionare, Kaufleute und Handwerker schon seit 1323 im damals noch heidnischen Litauen. Zwischen dem alten Rathaus (heute: litauisches Kunstmuseum) und dem Dominikanerkloster verläuft heute die Museumsstraße – vom Mittelalter bis 1939 hieß sie „ulica niemiecka" (Deutsche Straße). Auf dieser französisch gedruckten Postkarte von 1904 (zur zaristischen Zeit) ist sie als „Rue allemande" in „Vilna" vermerkt. Dieser Stadtteil war vor dem 2. Weltkrieg überwiegend von Juden bewohnt, die (1923) mit ca. 55 000 Menschen 41 %, später (1939) ca. 28 % der Einwohner Wilnas bildeten. Durch seine Synagogen und als Sitz der jüdischen Bildung und Kultur galt Wilna als „litauisches Jerusalem". Von hier nahm die jüdische Aufklärungsbewegung „Haskala" ihren Ausgang, die insbesondere zur Assimilation der Juden an die deutsche Kultur führte. Wieder einmal finden wir durch die Juden Belegstücke deutscher Kulturpräsenz im Osten. Die nationalsozialistischen Machthaber sahen das allerdings ganz anders.

Blick auf Wilna.
Wir blicken vom „Gedimin-Turm" der alten litauischen Burgruine auf dem Schloßberg über die Stadt. Wilnas Synonym „Klein-Rom" wird sofort augenfällig. Aus dem heidnischen, mittelalterlichen Stadtbild hat sich ein mitteleuropäisches voller barocker und klassizistischer Bauten entwickelt. Die Veränderung hat eine europäische Dimension: durch die Deutschen werden Reval in Estland und Riga in Livland hansisch geprägte deutsche Städte, durch die Polen wird Wilna in Litauen eine barock-katholische Stadt. Während freilich im deutschen Fall erst der Schwertbrüder-Orden das Territorium sichern mußte, erreichte Polen seinen Raumgewinn durch die Vermählung seiner Königin Hedwig mit dem litauischen Großfürsten Jogaila (poln. Jagiełło). Wilna zählte vor dem 1. Weltkrieg 35 katholische Kirchen, 3 russ.-orth., 2 protestantische, 2 Synagogen und 1 Moschee. Dieses Stadtbild liegt uns zu Füßen. Die St. Johanniskirche mit dem herausragenden Glockenturm gehört heute zum Universitätskomplex und wurde nach ihrer Restaurierung 1979 zu einem „Museum des wissenschaftlichen Gedankens".

Altstadtwinkel in Wilnas ehemaligem Ghetto.
Zwei Tage nach dem deutschen Überfall auf die Sowjetunion war Wilna am 24. 6. 1941 in deutscher Hand. Die Juden sperrte man in ein städtisches Ghetto im Umkreis der „Deutschen Straße". Doppelt tödlich erwies sich für viele Juden eine extrem feindselige Landbevölkerung, die zu willkürlichen Tötungen griff, noch bevor die Einsatzgruppen der SS eintrafen. Der größte Teil der Wilnaer Juden wurde in Gruppen zu je 1000 in den Gruben beim Dorf Ponary erschossen; wem die Flucht gelang, wurde von einer deutsch-litauischen Spezialeinheit umgebracht. Aus einer präzisen Mitteilung der Mordkommandos nach Berlin im Dezember 1941 geht hervor, daß in den vergangenen sechs Monaten in Lettland und Litauen 229 052 Juden ermordet worden seien. Das war übrigens vor (!) dem Beschluß über die „Endlösung der Judenfrage" auf der Wannsee-Konferenz vom 20. 1. 1942.

Kirchengruppe von St. Anna und St. Bernhard.
Für diese russische Touristengruppe ist ein Schnappschuß vor den ziegelroten Backstein-Kirchen ein besonderer Hauch von „Westen", den sie auch in Reval und Riga so empfinden. Wir Deutschen denken wohl spontan an den Dom zu Frauenburg am Frischen Haff. Beide Bauwerke zählen zu den schönsten gotischen Backstein-Ensembles Osteuropas. Die eigenwillig filigran gestaltete Fassade der St. Annakirche zählt zur flamboyanten (= brennenden) Gotik, die St. Bernhardkirche bekam einen barocken Giebel. Napoleon soll beim Vorstoß auf Moskau 1812 in Wilna den Wunsch geäußert haben, die aus dem 15. Jh. stammende St. Annakirche abzureißen und in Paris wieder aufzustellen. Bereits 1533 wurde hier durch Vermittlung des letzten Hochmeisters des Deutschen Ordens in Preußen, Albrecht von Brandenburg, evangelischer Gottesdienst abgehalten. Als neun Zehntel (!) des polnischen Adels protestantisch geworden waren, zogen 1570 die Jesuiten als Vorkämpfer der katholischen Gegenreformation in Wilna ein.

Die „Alma Mater Vilnensis" erwuchs aus dem Wilnaer Jesuitenkolleg und bestand von 1579 bis zum polnischen Aufstand gegen die zaristische Herrschaft 1831. Zar Nikolaus hob sie 1832 auf. 1919 ist sie als polnische Stephan-Bathory-Universität wiedererrichtet worden. Aus heutiger Sicht gilt sie als älteste Universität des Baltikums und der ganzen Sowjetunion, denn die deutsch-schwedische Universitätsgründung Gustav Adolfs in Dorpat datiert von 1632, resp. 1802 unter Zar Alexander I. Hier bedienen sich die Russen freilich fremder Leistung, die sie zudem nur durch die Annexion der baltischen Staaten 1940 erhielten.
Die Bedeutung der Universität Wilna als polnische Bildungsstätte wird in den meisten Prospekten verschleiert – gerade in den heutigen litauischen! Hier wirkten der Philosoph Maciej Kazimierz Sarbiewski (1595–1640), in ganz Europa damals durch seine lateinischen Gedichte bekannt, der deutsche Botaniker Prof. Johann Georg Adam Forster (1754–1794), der ukrainische Dichter Taras Schewtschenko (1814–1861) sowie die polnischen Dichter Adam Mickiewicz (1799–1855) und Juliusz Słowacki (1809–1849). In einem litauischen Prospekt lese ich die Klage, der Anteil litauischer Studenten an der (polnischen) Universität Wilna zwischen 1919–39 sei mit 3 % gewissermaßen künstlich niedrig gehalten worden. Hier wird verschwiegen, daß die Vorkriegsbevölkerung aus 54 % Polen, 41 % Juden (später abnehmend) und einigen Tausend Russen, Deutschen, Weiß-Ruthen und Litauern bestand. Letztere bildeten in ihrer historischen Hauptstadt nur eine Minderheit von ca. 2 %!

Bild rechts:
Stadttor „Ostra Brama" (= spitzes Tor). In dieser Kapelle an der Innenseite des alten Torturmes befindet sich das wundertätige Muttergottesbild von Wilna, eine Hauptverehrungsstätte der einheimischen katholischen Bevölkerung. In heutigen litauischen Prospekten und Büchern taucht der historische Name nicht mehr auf. Das Tor heißt dort Medininkai-Tor (nach einem Ort) bzw. Aušros-Tor (= Morgenröte). Hier widerfährt den Polen ein Identitätsverlust durch die Litauer, den wir Deutsche umgekehrt durch die Polen in Danzig erfahren: aus „Langgasser Tor" wurde „Goldenes Tor".

MATER MISERICORDIÆ
SUB TUUM
PRÆSIDI
UM
CONFU
GI
MUS

Die „Ostrobramska" ist, im Gegensatz zur Muttergottes von Tschenstochau, ohne Gottessohn und jegliche Attribute von Heiligenbildern dargestellt. Der Maler aus der Renaissance-Zeit blieb unbekannt; das Heiligenbild ist auf Eichenholztafeln gemalt und mit vergoldeter Silbereinfassung verziert. Nach dem Zweiten Weltkrieg sahen sich die Polen in den an die Sowjetunion gefallenen Teilen Ostpolens vor die Entscheidung gestellt, entweder für die neuen Machthaber zu optieren oder nach Westen umgesiedelt zu werden. 2,5 Millionen polnische „Repatrianten" zogen damals vornehmlich in Polens deutsche Ostgebiete: neben ihrer persönlichen Habe gelang so auch die Kopie der Ostrobramska in viele rekatholisierte Kirchen Ostpreußens und Pommerns, wo sie vielfach neben der Tschenstochau-Madonna Platz fand. Ein Heiligenbild als Hinweis auf eine doppelte Vertreibungsgeschichte und den Heimatverlust zweier Völker.

In einem Altstadtwinkel Wilnas stoßen wir auf eine litauisch-russische Inschrift sowie auf eine polnische (oben im Portal), daß hier Adam Mickiewicz gelebt hat. Der große polnische Dichter – am 24. 12. 1798 im weißrussischen Nowogródek geboren und 1855 an der Cholera in Konstantinopel Eine katholische Hochzeitsgesellschaft schreitet am russisch-orthodoxen Heiliggeist-Kloster in Wilna vorbei. Kaum einem westlichen Besucher käme in den Sinn, daß hier ein Stück osteuropäischer Religionstoleranz zutage tritt, die einmal weit über das in Westeuropa übliche Maß hinaus ging. Während wir wissen, daß seit dem Augsburger Religionsfrieden 1555 (Cujus regio, ejus religio) Protestanten und Katholiken in Deutschland ihr beiderseitiges Auskommen zu erlernen beginnen, geschah dies in Osteuropa zwischen Katholiken und Orthodoxen fast 200 Jahre früher! Denn durch die Vermählung der polnischen Königin Hedwig mit dem Litauer Jogaila (Jagiełło) erbt Polen 1386 auch die christlichen (!) Untertanen des heidnischen Litauen, und zwar die orthodoxen Gläubigen des alten Kiewer Reiches. Dieser früher eingeübte Toleranzvorsprung Osteuropas, besonders im alten Polen-Litauen, hat vielen westeuropäischen Glaubensverfolgten das Überleben ermöglicht. Gerade weil Osteuropa heute vielfach das Gegenteil vorexerziert, ist daran zu erinnern wichtig! In der hiesigen Klosterdruckerei wurde übrigens 1619 die berühmte „Slawische Grammatik" gedruckt, die der russische Gelehrte Michail Lomonossow (Gründer der Universität Moskau) als „Tor" seiner eigenen Gelehrsamkeit bezeichnete.

In einem Altstadtwinkel Wilnas stoßen wir auf eine litauisch-russische Inschrift sowie auf eine polnische (oben im Portal), daß hier Adam Mickiewicz gelebt hat. Der große polnische Dichter – am 24. 12. 1798 im weißrussischen Nowogródek geboren und 1855 an der Cholera in Konstantinopel verstorben, als er im Krimkrieg polnische Legionen gegen Rußland aufstellen wollte. Von seinen bewegten Lebensstationen ist für uns Deutsche besonders sein Aufenthalt in... Moskau 1825–28 wichtig! Denn unter der Last seiner russischen Eindrücke schrieb er 1828 das Epos „Konrad Wallenrod", in dem zur Täuschung der russischen Zensurbehörden (!) statt des russischen Feindes plötzlich die Kreuzritter auftauchen. So entsteht erst ab diesem Zeitpunkt das polnische Kreuzritter-Syndrom, das durch Weiterverarbeitung in Henryk Sinkiewiczs Romanen sich weiter verselbständigte. Heute weiß selbst kaum ein gebildeter Pole über den Ursprung dieser Kreuzritter-Metapher Bescheid: von Mickiewicz erfunden als literarischer Topos im Kampf gegen die Russen – heute scheinbar eine jahrhundertealte Begründung für polnisch-deutsche Gegnerschaft.
Übrigens beklagen die polnischen Touristen die geringe Anzahl polnischer Schrift-Spuren in Wilna. Aber geht es uns Deutschen bei Besuchen in Danzig und Breslau nicht ebenso? Ich wünsche mir bei Besuchen in Ostpreußen oder Schlesien polnische Partner, die schon einmal nach 1945 in Lemberg oder Wilna waren.

Deutsche Bildbände über die deutschen Kulturräume des Ostens kommen ohne Kanaldeckel nicht aus. Daß aber polnische Touristen bei Reisen in ihren Ostgebieten ebenso fasziniert über den Gully-Deckeln gebeugt sind, erheitert, erfreut, ja versöhnt. Es war und ist eben keine „Deutschtümelei", in Allenstein deutsche Kanaldeckel zu fotografieren. Auch die Polen gehen ostwärts auf Spurensuche und geben übrigens mittlerweile zahlreiche Reprints von Vorkriegs-Reiseführern und Landkarten heraus.
Dieser Vorkriegs-Kanaldeckel trägt die polnische Aufschrift „Magistrat der Stadt Wilna". Der scheinbar deutsch geschriebene Stadtname „Wilna" ist zufällig identisch mir dem Genitiv des polnischen Stadtnamens „Wilno". Die Litauer nennen sie Vilnius, die Russen wie wir: „Wilna". Heute leben nach litauischen Angaben noch etwa 18 % Polen in Wilna.

Marschall Józef Pilsudski (1867–1935) hoch zu Roß mit seinen polnischen Truppen beim Überschreiten der russischen Grenze. Der Schlagbaum des Zarenreiches liegt zerbrochen am Boden. Dem heroischen Gemälde liegt Pilsudskis großangelegte Offensive gegen das bolschewistische Rußland im Frühjahr 1920 zugrunde, die am 8. Mai 1920 zur polnischen Einnahme Kiews führte. Piłsudski wurde bei Wilna geboren. Die nach dem 1. Weltkrieg erfolgte Wiedergeburt Polens versuchte er als erklärter Feind der Russen insbesondere nach Osten zu arrondieren. Sein Programm war das alte Jagiellonen-Reich mit Litauen und großen Teilen Weißrußlands und der Ukraine. Dies erklärt übrigens seinen späteren vergleichsweise unproblematischen Umgang mit Hitler. Zum polnisch-schlesischen Aufständigenführer Korfanty soll er 1921 gesagt haben: „Was wollen Sie in Schlesien? Schlesien ist seit 600 Jahren deutsch. Kämpfen Sie lieber mit mir gegen die Russen!" Wilna war zwischen Anfang 1919 und Sommer 1920 mehrmals in abwechselnd polnischer, litauischer oder russischer Hand, bis der polnische General Żeligowski am 9. Oktober 1920 Wilna im Handstreich eroberte. Aus dem Wilna-Gebiet entstand ein von Warschau abhängiger, „Sródkowa Litwa" (= Mittellitauen) genannter Pufferstaat, der am 20. April 1922 seinen Anschluß an Polen vollzog.

Die Litauer haben wohl noch immer nicht das Wilna-Trauma verarbeitet. 1940 hat sich das Trauma der sowjetischen Besetzung darübergelegt. Wer je auf baltischen Sängerfesten im Baltikum zu Gast war, spürte die Konzentration nationaler Selbstbehauptung. Seit dem Regierungsantritt Michail Gorbatschows bricht sich besonders der litauische Nationalismus Bahn. Nur wer die hiesige Geschichte nicht kennt, wird sich über die jetzt stärker zu Tage tretenden Chauvinismen wundern.

An vielen Pkw in Litauen kleben seit 1988 vermehrt die alten internationalen Kfz-Zeichen. Hier „LT" mit englischer und litauischer Länderbezeichnung plus den litauischen Nationalfarben gelb-grün-rot. Auch die lettischen Autofahrer (LR) und die estnischen Nachbarn (EW) zeigen Flagge. Vor wenigen Jahren noch ein unvorstellbares Signum!

Die baltischen Völker träumen von der staatlichen Unabhängigkeit von Moskau. Die (noch ungefüllte) Paßattrappe als Symbol der Selbständigkeit nimmt diesen Traum schon heute vorweg. Überall zwischen Wilna und Reval tauchen im Baltikum jetzt an Kiosken diese sehnsüchtigen Attribute der Freiheit auf.

Bis in die Mitte der achtziger Jahre war die offizielle Sowjetpropaganda präsent. „Es lebe die sowjetische Nation – die Nation, die alles erschafft." Man möchte zunächst den Propagandatext als überflüssige Materialverschwendung belächeln. Aber der Hintersinn wollte suggerieren, daß es eine Sowjet-Nation gegeben hätte. Tatsächlich aber gibt es eine litauische, russische oder sonstige Nation. Eine sowjetische kann es ebensowenig wie eine parlamentarische Nation geben. So wollte Moskau das aufschimmernde Nationalitätenproblem leugnen und einebnen.

Dieser Schnappschuß von einer Parkbank in Wilna müßte dramaturgisch erfunden werden: ein sowjetischer Soldat als Vertreter der Zentralmacht sitzt ermattet neben einem Litauer, der sich am äußersten Rande der Bank von ihm abwendet. Ein Gleichnis der Stimmung, die das litauisch russische Verhältnis zur Zeit charakterisiert.

Wir wollen von Wilna westwärts nach Königsberg. Am Stadtrand gabelt sich die Ausfallstraße nach Kowno und Königsberg. Wie in jeder Sowjetrepublik (außer der RSFSR) ist die Straßenbeschriftung zweisprachig: erst Landessprache, dann russisch. Auffällig ist, daß die Russen das früher verwendete „Kowno" zugunsten von „Kaunas" aufgegeben haben. Königsberg hieß bis 1946 auch auf russisch „Kenigsberg". Kaliningradas ist die litauische Ableitung des russischen Vorbildes. Der litauische Name für Königsberg ist Karaliaučius, der nicht in Vergessenheit geraten ist: auf einigen Wegweisern in Litauen ist er (bereits wieder!) zu sehen.

Am Fuße des Schloßberges prägt die St.-Stanislaus-Kathedrale mit Glockenturm das Stadtzentrum. Anstelle eines heidnischen Perkunas-Heiligtums 1387 gegründet, hatte das röm.-katholische Gotteshaus seit seiner Restaurierung 1801 die Gestalt eines griechischen Tempels. Diese optische Russifizierung der Zarenzeit erfuhr nach der sowjetischen Wiederbesetzung 1944 eine Ergänzung, als die Kathedrale zur Gemäldegalerie umfunktioniert wurde. Erst 1989 wurde sie den katholischen Gläubigen zurückgegeben. Die größte Sehenswürdigkeit ist der Sarg mit den Gebeinen des heiligen Kasimir. Im Glockenturm befindet sich ein Kartenkiosk eines Wilnaer Reisebüros.

35 km westlich von Wilna steht ein einsames Haus an der Straße nach Kowno. Die Einheimischen machen kein großes Aufheben davon, doch bleibt es eine Wunde: Es ist die alte polnische Grenzstation zwischen den Städtchen Rykonty (lit. Rykantai) und Vievis.
Litauen hatte die polnische Annexion des Wilnagebietes 1920 nie anerkannt und jeglichen diplomatischen Verkehr mit Polen abgebrochen. Telefonleitungen wurden gekappt, alle Straßen und die Bahnlinie von Kowno nach Wilna endeten im Niemandsland; der Schiffsverkehr auf der Memel kam zum Erliegen. Die Briefpost mußte über Lettland und Deutschland organisiert werden, getrennte Familien mußten entweder illegal oder über Drittländer mit Ersatzdokumenten reisen. Eine neutrale, tote Zone trennte beide Länder von 1922–1938.
Auf die Quizfrage, welche beiden europäischen Nachbarvölker zwischen den beiden Kriegen sämtliche nur denkbaren Beziehungen abgebrochen hatten, würden wir eher auf die Sowjetunion und einen ihrer Nachbarn tippen. Polen und Litauen hatten den „Eisernen Vorhang" vor dem 2. Weltkrieg vorweggenommen. Am 17. 3. 1938 erhielt der litauische Gesandte in Reval aufgrund eines Grenzzwischenfalls ein auf 48 Stunden befristetes Ultimatum, das auf die Aufnahme diplomatischer Beziehungen hinauslief. Litauen beugte sich dem Druck, denn Polen hatte sich der stillschweigenden Rükkendeckung Hitler-Deutschlands (!) versichert, das Tage zuvor den Anschluß Österreichs (ohne polnische Bedenken) in Szene setzte.

Kowno (lit. Kaunas), der früher gebräuchliche deutsche Name Kauen ist veraltet.
Wir schauen vom linken Ufer der Memel im Stadtteil Alexotas auf die Altstadt mit der Erz-Kathedrale St. Peter-Paul. Große Verwunderung ruft der Hinweis der Dolmetscherin hervor, dies sei einmal die längste Brücke der Welt gewesen: man brauchte nämlich zwischen 1795–1807 elf bis zwölf Tage, um sie zu überqueren! Des Rätsels Lösung: nach der 3. Polnischen Teilung 1795 reichte das erweiterte Neu-Ostpreußen hier bis zur Memel und bis zum Frieden von Tilsit 1807 verlief bei Kowno die preußisch-russische Grenze. Da nun Rußland bis 1918 den julianischen Kalender verwendete, entstand zum Nachbarn Preußen (Gregorianischer Kalender) eine Kalenderabweichung von über einer Woche!

Das Perkunas-Haus in Kowno, dem heidnischen Donnergott gewidmet, fungierte als Hansekontor, das um 1440 von Danziger, Königsberger, einigen Elbinger und Thorner Kaufleuten errichtet wurde. Kowno war seit der Magdeburger Stadtrechtsverleihung zunächst vorwiegend deutsch besiedelt und Deutsch war auch bis 1591 Kanzleisprache. Noch 1765, aber selbst 1900 (!) findet sich jeweils ein Deutscher als Stadthaupt (Bürgermeister). Heute ist die Stadt vorwiegend von Litauern bewohnt, aber noch 1927 waren unter den 95 000 Einwohnern 60 % Litauer, 27 % Juden, 5 % Polen, 3 % Deutsche und 3 % Russen.

Bild rechts oben:
Am Rande des Marktplatzes steht das katholische Priesterseminar – das einzige der ganzen Sowjetunion. Litauen ist dominant katholisch und ähnelt hierin Polen. Ein religiös unterfütterter Nationalismus führte früher als in anderen Unionsrepubliken zu politischen Unruhen. 1972 verbrannte sich der Student Roman Kalantas aus Protest gegen die sowjetische Besetzung Litauens auf den Straßen von Kowno. Das KGB versuchte, das Priesterseminar zu unterwandern; anläßlich der 600-Jahr-Feier der Christianisierung Litauens 1987 war keiner der sechs Bischofsstühle besetzt. Der apostolische Administrator des Erzbistums Wilna, Titularbischof Steponavičius lebte seit einem Vierteljahrhundert gewissermaßen in Verbannung und durfte sein Amt nicht ausüben. Um ihm weitere Schwierigkeiten zu ersparen, soll ihn der Papst 1979 zum Kardinal in pectore – geheim – ernannt haben.
Karol Wojtyła, der polnische Pontifex in Rom, erhielt keine Einladung nach Litauen.

Diese Zeitungsbanderole einer unter deutscher Besatzung in Kowno sitzenden Zeitungsredaktion verdeutlicht die politisch-militärischen Wechselfälle zu Beginn unseres Jahrhunderts. Nach dem russischen Einfall in Ostpreußen zu Beginn des 1. Weltkriegs und der siegreichen Tannenbergschlacht unter Hindenburg/Ludendorff besetzte die deutsche Armee nach der Winterschlacht in

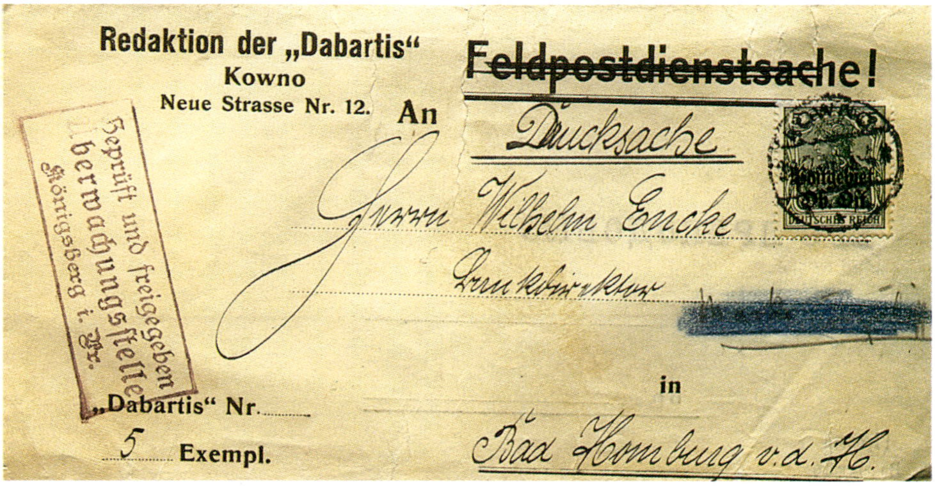

Redaktion der „Dabartis“
Kowno
Neue Strasse Nr. 12.

~~Feldpostdienstsache~~!

An

Drucksache

Herrn Wilhelm Encke

Druckereidirektor

in

Bad Homburg v.d.H.

Geprüft und freigegeben
Überwachungsstelle
Königsberg i. Pr.

„Dabartis“ Nr. ....

5 Exempl.

Masuren 1915 Kurland, Litauen und Bialystok-Grodno. Im August 1915 fiel die starke russische Festung Kowno. Die Verwaltungsgebiete wurden als „Land Ober Ost“ zusammengefaßt, die Briefmarken des Deutschen Reiches erhielten entsprechende Aufdrucke. Beachtenswert ist der deutsche Zensurstempel in Königsberg auf der linken Seite – es war ja Krieg!

Die ehemalige russisch-orthodoxe Kathedrale (1895) dominiert das Stadtzentrum von Kowno. Nach dem Regierungsantritt von Zar Alexander III. 1881 setzte in Finnland, Polen und dem Baltikum eine scharfe Russifizierungspolitik ein, die neben einschneidenden Spracherlassen auch Ausdruck in zahlreichen russischen Kirchenbauten in den evangelischen und katholischen Gebieten des Zarenreiches fand. Dies führte u. a. in Helsinki, Reval, Riga, Wilna und Warschau zu bombastischen Fremdkörper-Effekten und signalisierte, wer als Herr im lateinischen Westen des Russen-Reiches zu gelten hatte: der Zar!
Wie ein Schatten blieb der russische, später sowjetische Machteinfluß so den Menschen evident und in den Schicksalsjahren 1939–40 ist ihr ja Litauen auch zum Opfer gefallen. Der damalige litauische Außenminister Urbšys lebt heute hochbetagt in Kowno. Erst kürzlich erfuhren die Litauer, wie ihm von Stalin am 3. 10. 1939 in Moskau zwar das ehemalige polnische Wilna als „vergiftetes Bonbon" angediehen wurde, zugleich aber bestürzende Details des 2. geheimen Zusatzprotokolls vom 28. 9. 1939 erläutert wurden, demzufolge Deutschland das litauische Gebiet von Mariampol zu erhalten wünsche. Die bereits tatsächlich mit Hitler-Deutschland vereinbarte Teilung Litauens verschwieg Stalin dem litauischen Außenminister.

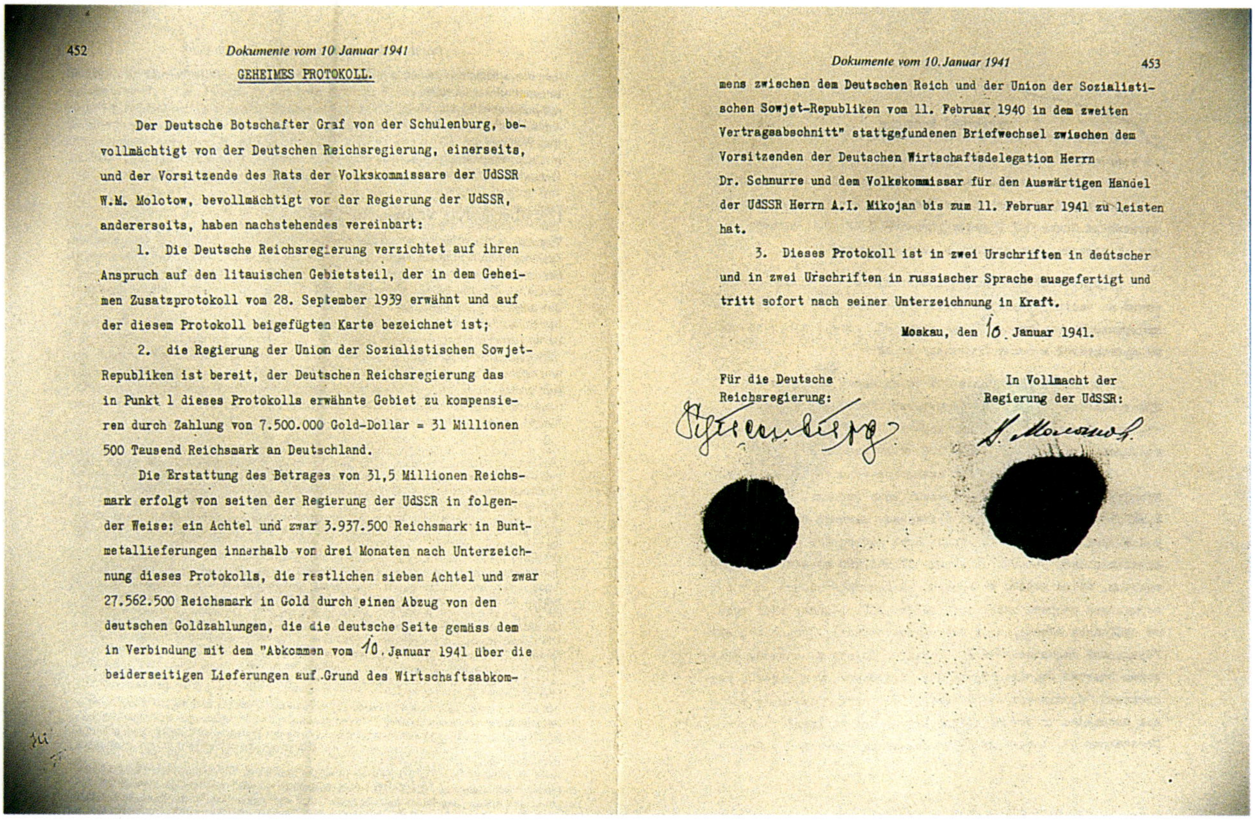

452 *Dokumente vom 10 Januar 1941*

GEHEIMES PROTOKOLL.

Der Deutsche Botschafter Graf von der Schulenburg, bevollmächtigt von der Deutschen Reichsregierung, einerseits, und der Vorsitzende des Rats der Volkskommissare der UdSSR W.M. Molotow, bevollmächtigt von der Regierung der UdSSR, andererseits, haben nachstehendes vereinbart:

1. Die Deutsche Reichsregierung verzichtet auf ihren Anspruch auf den litauischen Gebietsteil, der in dem Geheimen Zusatzprotokoll vom 28. September 1939 erwähnt und auf der diesem Protokoll beigefügten Karte bezeichnet ist;

2. die Regierung der Union der Sozialistischen Sowjet-Republiken ist bereit, der Deutschen Reichsregierung das in Punkt 1 dieses Protokolls erwähnte Gebiet zu kompensieren durch Zahlung von 7.500.000 Gold-Dollar = 31 Millionen 500 Tausend Reichsmark an Deutschland.

Die Erstattung des Betrages von 31,5 Millionen Reichsmark erfolgt von seiten der Regierung der UdSSR in folgender Weise: ein Achtel und zwar 3.937.500 Reichsmark in Buntmetallieferungen innerhalb von drei Monaten nach Unterzeichnung dieses Protokolls, die restlichen sieben Achtel und zwar 27.562.500 Reichsmark in Gold durch einen Abzug von den deutschen Goldzahlungen, die die deutsche Seite gemäss dem in Verbindung mit dem "Abkommen vom 10. Januar 1941 über die beiderseitigen Lieferungen auf Grund des Wirtschaftsabkom-

Dokumente vom 10. Januar 1941 453

mens zwischen dem Deutschen Reich und der Union der Sozialistischen Sowjet-Republiken vom 11. Februar 1940 in dem zweiten Vertragsabschnitt" stattgefundenen Briefwechsel zwischen dem Vorsitzenden der Deutschen Wirtschaftsdelegation Herrn Dr. Schnurre und dem Volkskommissar für den Auswärtigen Handel der UdSSR Herrn A.I. Mikojan bis zum 11. Februar 1941 zu leisten hat.

3. Dieses Protokoll ist in zwei Urschriften in deutscher und in zwei Urschriften in russischer Sprache ausgefertigt und tritt sofort nach seiner Unterzeichnung in Kraft.

Moskau, den 10. Januar 1941.

Für die Deutsche Reichsregierung:

In Vollmacht der Regierung der UdSSR:

Mit den geheimen Zusatzprotokollen vom August und September 1939 fand das Feilschen um Litauen jedoch kein Ende, denn im Juni 1940 besetzten Stalins Truppen auch den deutscherseits reklamierten Gebietsteil. Nach mehrmonatigen Verhandlungen unterzeichneten der deutsche Botschafter Werner Graf von der Schulenburg und Molotow am 10. Januar 1941 ein „Geheimes Protokoll", in dem die UdSSR für den „deutschen" Anteil 31,5 Millionen (!) Reichsmark zu zahlen bereit war. Die Perversion dieses Vertrages drückt sich u. a. in der akribischen Beschreibung der Zahlungsmodalitäten aus, wenn von „einem Achtel, und zwar 3 937 500 Reichsmark in Buntmetallieferungen" die Rede ist. Buntmetall für Litauen!

Das Rathaus von Kowno versetzt den Betrachter nach Süddeutschland. Heiter und beschwingt setzt der „Weiße Schwan" einen überraschenden Akzent auf dem Marktplatz.

Auf unserem Weg zur ostpreußischen Grenze passieren wir Mariampol (lit. Mariampole), das nach dem 2. Weltkrieg nach dem Kommunistenführer Kapsukas umgetauft wurde. Vor dem Zweiten Weltkrieg hatte das Städtchen eine überwiegend jüdische Bevölkerung. Im Bild eine ehemalige jüdische Schule. Mariampol geriet auf besondere Weise in das Fadenkreuz deutsch-sowjetischer Machtteilung – verramscht von Hitler an Stalin gegen Buntmetall und Bares – und wartet nun als hämische Ironie mit einer faustdicken Überraschung auf.

Ausgerechnet auf einem Mariampoler Friedhof weist uns der Friedhofswärter auf diesen Grabstein hin: „Garde-Kapitän Andrej Alexandrowitsch Armand 1903 – 7. 10. 1944." Es handelt sich höchstwahrscheinlich um den Sohn Lenins aus der Beziehung mit der russischen Revolutionärin Armand anläßlich ihres gemeinsamen Aufenthaltes in Paris. Zu Breschnews Zeiten mußte Lenins Ehre unbefleckt bleiben, jetzt hört man Freizügigeres. Lenin hatte mit seiner Lebensgefährtin Krupskaja keine Kinder, konnte vielleicht aufgrund einer sich zugezogenen Syphilis auch keine mehr haben. Ein auf dem Friedhof zufällig anwesendes Moskauer Kamera-Team gab diesen Details verbalen Nachdruck. Gorbatschows Glasnost bringt sensationelle Dinge zutage. Wem wäre je in den Sinn gekommen, daß Lenins Sohn bei den ersten sowjetischen Vorstößen auf reichsdeutsches Gebiet (Memelland) am 7. 10. 1944 fiel – an der ostpreußischen Grenze! Uns schwirrt der Kopf: Litauen – Polen, Russen und Deutsche, Stalin und Hitler, Christen und Juden, Gebiete, Grenzen, Geheimverträge – und dann noch Lenins Sohn! Noch bevor wir ostpreußischen Boden betreten, will uns scheinen, daß alle diese Fragmente auf eine untrügliche Weise mit der damals östlichsten deutschen Provinz Ostpreußen zu tun haben.

Der Wirballener Bahnhof lag kurioserweise im Nachbardorf Kybarten (lit. Kybartai), und jetzt haben ihn die sowjet-litauischen Behörden auch dementsprechend beschriftet: links litauisch, rechts (hinter den Bäumen) russisch. Wir stehen hier an einem der legendärsten Eisenbahnkontrollpunkte Europas. Bis zur Entwicklung einer Umspurtechnik im Jahre 1910 stiegen die Passagiere aus Deutschland mit ihrem Gepäck hier aus, durchliefen Paß- und Zollkontrolle und stiegen in den danebenstehenden russischen Zug (mit Breitspur) wieder ein. Wer ungenügende Visa vorwies, wurde abgewiesen und konnte gleich mit dem deutschen Zug (der solange warten mußte) wieder zurückfahren. Woraus man lernt, daß nicht erst die Kommunisten die Visum-Spirenzchen in Rußland eingeführt haben, sondern sie im Zarenreich schon gang und gäbe waren. Kaiser Wilhelm I. und der II., Bismarck, die russischen Zaren, Diplomaten und Potentaten – alle haben Eydtkuhnen-Wirballen (Kybarten) passiert.

Im Rußland-Baedeker von 1912 ist die Eisenbahnstrecke Berlin–St. Petersburg beschrieben, die 1861 eröffnet wurde. Der russische Grenzbahnhof gegenüber dem preußischen Eydtkuhnen „Wirballen (russ. Werschbolowo), erste russ. Station. Paß- und Zollrevision. Etwa 1 Std. Aufenthalt". Nach dem 1. Weltkrieg wurde aus dem russischen Hauptzollamt das litauische.

Bild rechts oben:
Kybarten, ehemalige litauische (früher russische) Straßenkontrollstation, von 1940–41 auch sowjetische. Wir stehen mit dem Rücken zum litauisch-deutschen Grenzfluß Lepone. Wer früher von Eydtkuhnen ostwärts fuhr, hielt rechts an der Zollstation. Im Haus links daneben wohnten die jeweiligen Zollbeamten. Ein besonders reizvolles Detail am weißen Pfosten links mit der litauisch-russischen Doppelaufschrift „Litauische SSR" ist die litauische Nationalfahne mit den Farben gelb-grün-rot, die erst mit Beginn der Sajudis-Bewegung ab 1988 öffentlich gezeigt werden durfte. Das Foto wurde Ostern 1990 aufgenommen.

Bild rechts unten:
Wir drehen uns am litauischen Grenzstein herum und schauen gebannt auf die gegenüberliegenden Häuser in …Eydtkuhnen/Eydtkau! Unsere Nerven sind gespannt; die Brücke führt über das kleine Lepone-Flüßchen. Von 1422–1945 verlief hier am Fluß die preußisch(-deutsche) Grenze zu Litauen. Zwei verschiedene Asphaltdecken stoßen aneinander. Direkt hinter dem zweisprachigen Kybartai-Ortsende-Schild steht am ostpreußischen Ufer das russische Ortsschild „Tschernyschewskoje" (für Eydtkuhnen). Auf dem weißen Sockel rechts hinter dem Baum „Kaliningradskaja oblast" (= Königsberger Gebiet). Insgesamt ein Eindruck, wie er dem zwischen Hessen und Bayern entspricht. Grenzkontrollen gibt es hier keine, allerdings übernehmen die sogenannten GAI–Stationen (= staatliche Automobilinspektionen) ganz beiläufig eine ähnliche Funktion. Und wer zufällig von einer solchen (teils mobilen) Streife angehalten wird, muß einen zweiten Anlauf unternehmen, um ins nördliche Ostpreußen zu gelangen.

KYBARTAI

In Eydtkuhnen/Eydtkau sucht man aus zwei Gründen schleunigst das Weite: Zum einen gilt es, nach geglücktem „Grenzübertritt" nicht doch noch der Miliz aufzufallen, zum anderen hinterläßt das Stadtzentrum einen fatalen Eindruck. Um die 1887 erbaute neu-romanische Kirche (jetzt Ruine) erstreckt sich eine weiträumige Backsteinmauer. Nach Kriegsende umschloß sie ein Gefangenenlager für Deutsche (Umschlagplatz vor der Deportation nach Sibirien), offensichtlich dient es aber auch heute noch als Arbeitslager – siehe Wachturm!

8 km nach Prawdino? Nur dank der ostpreußischen Generalkarte von 1937 ist sicher: Wir stehen an der Abzweigung der Chaussee in Kiesdorf (nördl. Pillkallen/Schloßberg) nach Grumbkowsfelde. Die Szenerie ist grotesk-banal: das scheint irgendwo im tiefen Rußland zu sein, aber wir wissen, daß wir im russischen Ostpreußen stehen, nicht zuletzt wegen der doppelten Baumchaussee. In keinem der verlorenen Gebiete wirken die neuen Straßen und Straßenschilder makabrer als im Königsberger Gebiet.

Pillkallen/Schloßberg.
Die Turnhalle der ehemaligen Fr.-Wilhelm-Oberschule an der Thorner Straße! Der Besucher ist sprachlos: die Schwierigkeit, überhaupt hierher zu gelangen, die ständige Gespanntheit, lassen eine übersteigerte Erwartungshaltung entstehen. Angesichts der trostlosen Realität ist der Eindruck besonders deprimierend.

Pillkallen/Schloßberg, ehemaliges Krankenhaus. Die bereits im 1. Weltkrieg fast völlig zerstörte Stadt, die mit Hilfe der Patenstadt Breslau wieder aufgebaut wurde, hatte 1939 knapp 6000 Einwohner. In einem Atemzug mit Glogau, Küstrin und Elbing genannt, zählt Pillkallen zu den vier meist zerstörten Städten des deutschen Ostens 1945. Insbesondere an den ostpreußischen Grenzstädten und ihrer Zivilbevölkerung hat sich seit Oktober 1944 die Vergeltungswut der sowjetischen Truppen für das erlittene NS-Besatzungsregime ausgetobt.

Lasdehnen/Haselberg, der alte Kleinbahnhof.
Früher als Dorf halb so groß wie Pillkallen, ist es heute als russisches Verwaltungszentrum wichtiger. Unser Auge sucht nach Zeugnissen – Backsteingebäude sind am schnellsten ausfindig gemacht. So sind es eben immer wieder Kirchen, Kapellen, Postämter, Schulen, Wassertürme und eben Bahnhofsgebäude, die uns die Erinnerung und die Spurensuche erleichtern.

Schillehnen/Schillfelde unweit des Grenzflusses Szeszuppe/Ostfluß. Dank ostpreußischer Freunde wird man auf die alte Volksschule hingewiesen. An der Bushaltestelle steht der russische Ortsname „Pobelino".

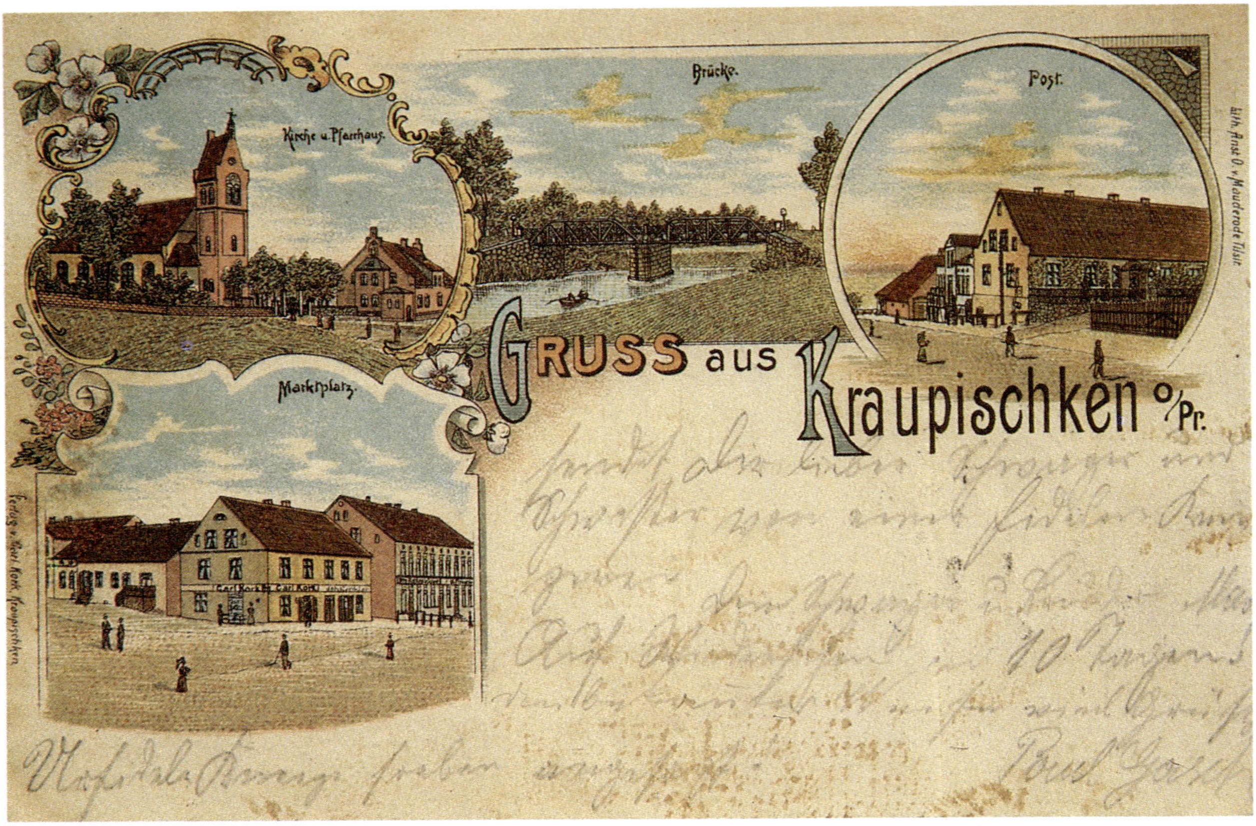

Kraupischken/Breitenstein an der Inster. Unsere Spurensuche braucht wenigstens einmal einen Beleg, um den Nachwachsenden zu zeigen, wie diese heute verwahrlosten Dörfer einmal ausgesehen haben. Dabei ist die Postkarte von der Jahrhundertwende (!) nicht ein besonders herausfallendes Beispiel: es gab bessere, buntere, reichere Dörfer als Kraupischken. Wer auf diesen Reisen Gelegenheit hat, den russischen Einheimischen diese alten Fotografien zu zeigen, wird tiefes, ungläubiges Erstaunen hervorrufen.

Die Freude über die oft banal anmutenden Foto-Motive versteht besser, wer stundenlang an solchen verfallenen Bauerngehöften vorbeigefahren ist. Rührend die russischen Liebesschwüre, die „Wowa und Sweta" sowie „Igor" gelten.

Stallupönen/Ebenrode. Neuer „Blickfang" des geräumigen Marktplatzes ist ein sowjetisches Ehrenmal. Dahinter die Oberschule und angrenzende Häuser in der Heinrich-Maria-Lang-Straße. In der von der Pest entvölkerten Stadt wurden im 18. Jahrhundert Nassauer, Franken, Schweizer und Salzburger angesiedelt. Dies belegt erneut, daß sich die Ostpreußen zum letzten deutschen Neustamm entwickelten.

Stallupönen/Ebenrode, Bahnhof mit Wasserturm. 10 km hinter der Grenzstation Eydtkuhnen die 2. ostpreußische Bahnstation auf unserem Weg nach Königsberg.

Kattenau, Kreis Stallupönen, zerstörte Kirche.
Wo kann man in Nord-Ostpreußen beten, rasten, speisen und nächtigen? Bis heute ist im gesamten russischen Ostpreußen (außer Königsberg und Insterburg) kaum ein Gotteshaus für Gläubige zugänglich.

Hier konnte man früher wohnen: wir haben das „Hotel Elch" in Trakehnen gefunden. Die Inschrift stand früher über dem halbrunden Bogenfenster. Jetzt verkündet eine Inschrift am Eingang: „Laßt uns die Beschlüsse des 27. Parteitages der UdSSR in die Tat umsetzen!"

Auf der Suche nach dem berühmtesten aller ostpreußischen Gestüte mit Weltruf werden wir unerwartet fündig. Wir stehen vor dem ehemaligen Landstallmeisterhaus in Trakehnen; das hölzerne Türmchen auf diesem Wohnhaus – auch „Schloß Trakehnen" genannt – ist allerdings verschwunden. 1732 hat König Friedrich Wilhelm I. zum Zwecke einer einheitlichen Zucht das „königliche Stutamt Trakehnen" mit anfangs 1100 Pferden gegründet. 1787 wurde die siebenzackige Elchschaufel als Brandzeichen gewählt. Daß 1806 das Personal mit dem gesamten Pferdebestand auf der Flucht vor Napoleon nach Rußland floh (!) und erst 1807 wiederkehrte, ist ein selten gehörtes Detail aus der Trakehner Geschichte. Bedeutende Landstallmeister waren Wilhelm v. Burgsdorf, v. Schwichow, Siegfried Graf von Lehndorff und Dr. Ehlert. Auf dem Sockel vor dem Eingang stand bis Kriegsende die von Prof. Kuebart geschaffene lebensgroße Bronzeplastik des berühmten Hengstes „Tempelhüter".

Der „Tempelhüter" lebt! Zunächst steht ja ein Abguß seit 1974 vor dem Deutschen Pferdemuseum in Verden/Aller. Aber dieser „Tempelhüter" ist die Original-Plastik und steht in... Moskau! Das Verbringen dieses Denkmals in die sowjetische Hauptstadt symbolisiert den Verlust ganzer Gestütsabteilungen, die durch den verspäteten Räumungsbescheid vom 17. 10. 1944 in russische Hand fielen. Zuletzt waren in Ostpreußen 25 000 warmblütige ostpreußische Stuten und ca. 1200 Hengste registriert. Von diesen konnten nur 1500 Pferde in den Westen Deutschlands gerettet werden. So wurde in der Bundesrepublik mit geretteten Zuchtpferden eine reine Trakehner Weiterzucht möglich. Die Inschriften am Sockel des Denkmals weisen deutlich lesbar auf den „Tempelhüter" hin.

Am Nordrand der Rominter Heide, bereits im Landkreis Goldap, liegt Tollmingkehmen/Tollmingen. Auf einem litauisch-russischen Gedenkstein von 1980 lesen wir, daß „in diesem Dorf der Klassiker der litauischen Literatur Kristijonas Donelaitis 1743–1780 gelebt hat".
1714 in Lasdinehlen bei Gumbinnen geboren, zählte seine Familie zu den litauisch-sprachigen Preußen, bei denen sich im 18. Jahrhundert die deutsche Umgangssprache durchsetzte. Litauer waren im 15./16. Jahrhundert, verstärkt aber erst nach der großen Pest 1709 in großen Wellen in Ostpreußen eingewandert. Seitdem hieß der nordöstliche Regierungsbezirk von Heydekrug/Memelland bis Johannisburg in Masuren „Preußisch-Litthauen" mit der Hauptstadt Gumbinnen. „Preußisch-Litthauen" hat jedoch niemals zum litauischen Staatsverband gehört. Insbesondere durch ihren evangelischen Glauben unterschieden sie sich – wie auch die Masuren von den Polen – klar von den katholischen Großlitauern.
Christian Donalitius hat von 1732–37 Theologie an der Königsberger Albertus-Universität studiert und dort seine litauischen Sprachkenntnisse wissenschaftlich vertieft! In Tollmingkehmen predigte er später vormittags deutsch und nachmittags litauisch. In ihm ist Litauertum und Deutschtum eine Symbiose eingegangen. Sein dichterischer Nachlaß „Die vier Jahreszeiten" ist erst im 19. Jahrhundert bekannt geworden. Insgesamt dürfte die litauische Spurensicherung im nördlichen Ostpreußen, die sich hier im Gedenkstein niederschlägt, unter die vielfältigen Bemühungen Litauens einzuordnen sein, gegebenenfalls das nördliche Ostpreußen als „urlitauisches" Gebiet reklamieren zu können und somit Moskau seiner russischen Insel zu entledigen.

Wenige Kilometer südlich beginnt die Rominter Heide, die als berühmtes Jagdrevier Teil der einstigen „Großen Wildnis" war, die zu Beginn der Ordenszeit als Verhauzone gegen die heidnischen Litauer belassen wurde. Heute zieht die polnisch-sowjetische Grenze als sichtbare Schneise durch die Rominter Heide. Von der sowjetischen Seite ist ein Eindringen in die unmittelbare Grenzsperrzone nicht möglich. Aber auch von der polnischen Seite her sind solche Schnappschüsse nicht ganz unproblematisch. Hier haben schon zahlreiche deutsche Touristen Verhöre und Filmabnahmen über sich ergehen lassen müssen.

Links der polnische, rechts der sowjetische Grenzpfosten in den ostpreußischen Wäldern. Je länger wir diese Grenzmale verinnerlichen, desto quälender kommt die Frage: wie brutal müssen die Geschichtsereignisse des Zweiten Weltkrieges in Osteuropa gewesen sein, daß es zu diesen beiden Pfählen in Ostpreußen kommen konnte?!

Wystiter See, östlich der Rominter Heide.
600 Jahre war er ein Grenzgewässer Ostpreußens zu Litauen; zur Gänze in Ostpreußen gelegen, verläuft die litauische Grenze am östlichen Ufer. Ein Gefühl absoluter Einsamkeit am Ende der Welt.

Bild links oben:
Gumbinnen wurde erst 1722 nach der großen Pest von Friedrich Wilhelm I. als Stadt gegründet und erhielt durch die 1732 erfolgte Einwanderung der 20 000 Salzburger einen raschen Aufschwung. Ab 1816 Sitz der Regierung von Preuß.-Litthauen, besaß sie die von Schinkel errichtete „Alte Regierung" und die später errichtete, durch einen Bogengang mit ihr verbundene „Neue Regierung" (Bild). Beide Gebäude im Zentrum Gumbinnens haben überdauert und dienen heute wieder (Sowjet-)Behörden als Sitz.

Bild links unten:
Auch das Postamt in Gumbinnen steht noch. Die Stadt hatte 1939 ca. 25 000 Einwohner.

Am Markgrafenplatz blieb die reformierte Kirche stehen. Das undichte Dach verrät indes, daß das durch 1711 eingewanderte Schweizer erbaute Gotteshaus lange verwaist war, bis die orthodoxe Kirche seit dem Frühjahr 1989 hier Gottesdienste anbieten durfte. In Insterburg starb übrigens das Ännchen von Tharau, der wir am Schluß der Reise in Memel auf eindrucksvolle Weise begegnen werden. Und hier ist der Schriftsteller Ernst Wichert – nicht zu verwechseln mit Ernst Wiechert aus Kleinort/Peitschendorf – 1831 geboren.

Was brachte Hindenburg nach Insterburg?
1939 hatte die Kreisstadt im Reg.-Bezirk Gumbinnen 43 000 Einwohner. Insterburg blühte im 19. Jahrhundert als Bahnknotenpunkt der Linien Thorn-Tilsit und Königsberg-Kowno auf. Den meisten von uns ist nicht bewußt, daß lange vor dem Schicksalsjahr 1945 große Teile Ostpreußens schon zweimal in russischer Hand waren: so war Insterburg im Siebenjährigen Krieg zwischen 1757–62 russisch besetzt. Im 1. Weltkrieg war sie 14 Tage das Hauptquartier der russischen Armee v. Rennenkampfs, anschließend schlug Hindenburg sein Hauptquartier in Insterburg auf. Die Postkarte mit dem Signum „Der Befreier des Ostens" hat so einen reellen Hintergrund gehabt. Hinter dem Schloßteich führt von der ehemaligen Lutherkirche am Markt ein Durchgang hinab zur Angerapp.

Bild rechts unten:
Ein Dokument besonderer Art ist die „Bekanntmachung allen Einwohnern Ostpreußens". Sie hing bereits einen Tag nach der vom 24. August bis zum 11. September 1914 dauernden russischen Besatzungszeit an den Wänden – pico-bello gedruckt! Zum russischen Gouverneur wurde Dr. Max Bierfreund bestellt, ein Deutscher aus Insterburg. Der „Generaladjutant seiner kaiserlichen (russischen) Majestät, General der Kavallerie von Rennenkampf" war übrigens Deutsch-Balte und somit erhellt das Plakat ein Merkmal (schon der damaligen) russischen Armee: sie war multinational, ja mehr noch – sie bestand in besonders hohem Maße aus deutschen Est-, Liv- und Kurländern als russischen Untertanen. Und so kämpften in der Tannenbergschlacht 1914 und in der Winterschlacht in Masuren 1915 Deutsche (der Reichsarmee) gegen Deutsche (der Zarenarmee), kämpften reichsdeutsche Polen (aus Posen) gegen zaristische Polen (aus Warschau). Hat man derlei nationale Tragödien eigentlich in früheren erbaulichen Geschichtsbetrachtungen bedacht? So haben wir die Schlachten in der Schule jedenfalls nicht gelehrt bekommen.

Insterburg. Aus der Wilhelmstraße wurde die „Straße der Pioniere". Wir stehen in Höhe des Markgrafenplatzes. Linkerhand blieb die als „Klopsakademie" ironisierte Mädchen-Berufs- und Haushaltungsschule erhalten, dahinter das ehemalige Pfarrhaus der Reformierten Kirche.

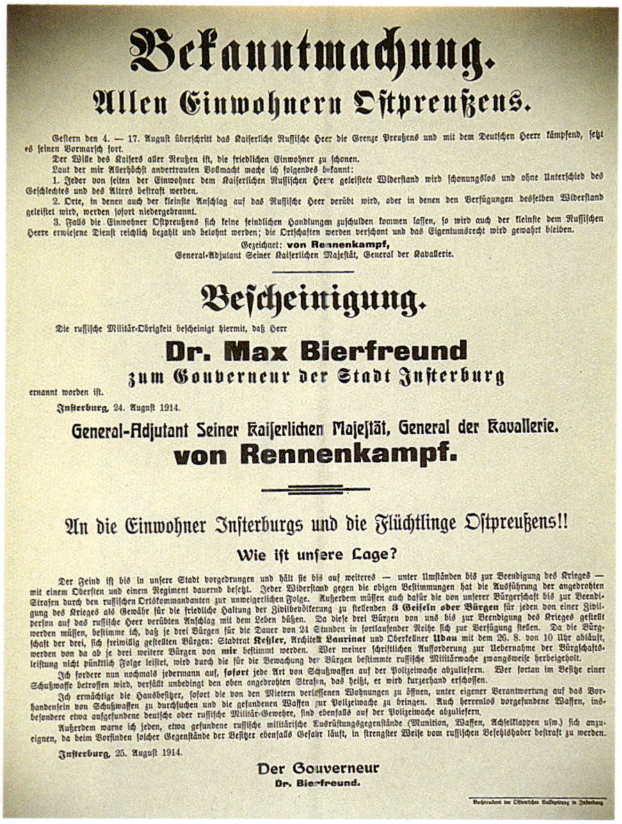

Bekanntmachung.

Allen Einwohnern Ostpreußens.

Gestern den 4. — 17. August überschritt das Kaiserliche Russische Heer die Grenze Preußens und mit dem Deutschen Heere kämpfend, setzt es seinen Vormarsch fort.

Der Wille des Kaisers aller Reußen ist, die friedlichen Einwohner zu schonen.

Laut der mir Allerhöchst anvertrauten Vollmacht mache ich folgendes bekannt:

1. Jeder von seiten der Einwohner dem Kaiserlichen Russischen Heere geleistete Widerstand wird schonungslos und ohne Unterschied des Geschlechtes und des Alters bestraft werden.
2. Orte, in denen auch der kleinste Anschlag auf das Russische Heer verübt wird, oder in denen den Verfügungen desselben Widerstand geleistet wird, werden sofort niedergebrannt.
3. Falls die Einwohner Ostpreußens sich keine feindlichen Handlungen zuschulden kommen lassen, so wird auch der kleinste dem Russischen Heere erwiesene Dienst reichlich bezahlt und belohnt werden; die Ortschaften werden verschont und das Eigentumsrecht wird gewahrt bleiben.

Gezeichnet: **von Rennenkampf,**
General-Adjutant Seiner Kaiserlichen Majestät, General der Kavallerie.

Bescheinigung.

Die russische Militär-Obrigkeit bescheinigt hiermit, daß Herr

Dr. Max Bierfreund

zum Gouverneur der Stadt Insterburg

ernannt worden ist.

Insterburg, 24. August 1914.

General-Adjutant Seiner Kaiserlichen Majestät, General der Kavallerie.
von Rennenkampf.

An die Einwohner Insterburgs und die Flüchtlinge Ostpreußens!!

Wie ist unsere Lage?

Der Feind ist bis in unsere Stadt vorgedrungen und hält sie bis auf weiteres — unter Umständen bis zur Beendigung des Krieges — mit einem Obersten und einem Regiment dauernd besetzt. Jeder Widerstand gegen die obigen Bestimmungen hat die Ausführung der angedrohten Strafen durch den russischen Ortskommandanten zur unweigerlichen Folge. Außerdem müssen auch dafür die von unserer Bürgerschaft bis zur Beendigung des Krieges als Gewähr für die friedliche Haltung der Zivilbevölkerung zu stellenden **3 Geiseln oder Bürgen** für jeden von einer Zivilperson auf das russische Heer verübten Anschlag mit dem Leben büßen. Da diese drei Bürgen von uns bis zur Beendigung des Krieges gestellt werden müssen, bestimme ich, daß je drei Bürgen für die Dauer von 24 Stunden in fortlaufender Reihe sich zur Verfügung stellen. Da die Bürgschaft der drei, sich freiwillig gestellten Bürgen: Stadtrat **Keßler,** Architekt **Laurinat** und Oberkellner **Udau** mit dem 26. 8. von 10 Uhr abläuft, werden von da ab je drei weitere Bürgen von **mir** bestimmt werden. Wer meiner schriftlichen Aufforderung zur Uebernahme der Bürgschaftsleistung nicht pünktlich Folge leistet, wird durch die für die Bewachung der Bürgen bestimmte russische Militärwache zwangsweise herbeigeholt.

Ich fordere nun nochmals jedermann auf, **sofort** jede Art von Schußwaffen auf der Polizeiwache abzuliefern. Wer fortan im Besitze einer Schußwaffe betroffen wird, verfällt unbedingt den oben angedrohten Strafen, das heißt, er wird kurzerhand erschossen.

Ich ermächtige die Hausbesitzer, sofort die von den Mietern verlassenen Wohnungen zu öffnen, unter eigener Verantwortung auf das Vorhandensein von Schußwaffen zu durchsuchen und die gefundenen Waffen zur Polizeiwache zu bringen. Auch herrenlos vorgefundene Waffen, insbesondere etwa aufgefundene deutsche oder russische Militär-Gewehre, sind ebenfalls auf der Polizeiwache abzuliefern.

Außerdem warne ich jeden, etwa gefundene russische militärische Ausrüstungsgegenstände (Munition, Waffen, Achselklappen usw.) sich anzueignen, da beim Vorfinden solcher Gegenstände der Besitzer ebenfalls Gefahr läuft, in strengster Weise vom russischen Befehlshaber bestraft zu werden.

Insterburg, 25. August 1914.

Der Gouverneur
Dr. Bierfreund.

Buchdruckerei der Ostdeutschen Volkszeitung in Insterburg

Am Ortsschild die Erklärung: aus Georgenburg wurde Maewka. Die 1350 durch den Bischof von Samland gegründete Burg war 1679 schwedisches Hauptquartier (General von Horn), 1757 russisches Quartier (Feldmarschall Apraxin) und 1812 französisches Quartier (Marschall Davoust). Ungeahnte internationale Bezüge im russischen Nord-Ostpreußen. Ob das einmal je touristisch vermarktet wird? Auch die zahlreichen Leser des bekannten Romans „Die Barrings" werden hier fündig. Die vom 1882 geborenen Schriftsteller William von Simpson geschilderten Adelsszenen spielen nämlich auf der Georgenburg, die ab 1828 im Besitz der Simpsons war, die hier ein Vollblutgestüt betrieben.

Bild links oben:
Insterburg. Die Stadthalle am Markt wird heute als „Haus der Offiziere" genutzt.

Bild links unten:
Die nordwärts von Insterburg ins Tal der Angerapp und Inster – beide bilden ab hier den Pregel – führende Straße berührt die einst sehr beliebte Gaststätte Friese, die heute vernagelt ist. Der Wegweiser rechts weist auf „Maewka" hin – Maewka?

In seinen Aufzeichnungen beschreibt Dr. Hans Graf von Lehndorff, wie im Spätsommer 1944 bis zu 40 000 Stück Vieh aus den grenznahen Gebieten durch die Pregelwiesen nach Westen abgetrieben wurden. Das sich chaotisch dahinwälzende Vieh nahm die Flucht der Menschen aus Ostpreußen einige Monate später wie ein Menetekel vorweg. Hier überqueren wir auf der alten Reichsstraße 1 die Pregelschleuse bei Taplacken. Zum ersten Mal stehen wir am wichtigsten schiffbaren Fluß Ostpreußens, der über Königsberg zur Ostsee führt.

Snamensk? Durch Kartenvergleich ergibt sich das neue Ortsschild für Wehlau! Die 1939 ca. 8500 Einwohner zählende Stadt an der Mündung der Alle in den Pregel war durch den größten Pferdemarkt Europas weithin bekannt. Hier wurde die heute unvorstellbare Zahl von jährlich 20 000 Pferden verkauft.

Die Wehlauer Pfarrkirche ist ebenfalls verfallen. Die ab 1380 erbaute Hallenkirche benötigt jetzt wohl auch keiner mehr? Dankbar erinnert sich der Tourist an die Hunderte von restaurierten und besuchten Backsteinkirchen im polnischen Ostpreußen. Welch Unterschied in beiden Landesteilen!

Die KPdSU verspricht allerorten ihre Beschlüsse des Parteitages in die Tat umzusetzen – auch in Tapiau. Hier ist 1858 der berühmte Maler Lovis Corinth geboren, dessen größte Sammlung sich heute in der Hamburger Kunsthalle befindet.

Den spektakulärsten Beleg von Preußisch-Eylau gibt es übrigens in... Moskau! Bei einem Besuch des berühmten Neujungfrauenklosters, auf dessen Friedhof auch Chruschtschow begraben liegt, blieb ich vor dieser Grabtafel wie angewurzelt stehen: in kyrillischer Schrift über dem Schicksalsjahr 1807 die deutschen Städtenamen „Preisisch Eilau" und „Kenigsberg". Ein herrlicher Fund, der auch die Moskauer Dolmetscherin sprachlos machte. Daß ausgerechnet in ihrer Hauptstadt von „Bagrationowsk" und „Kaliningrad" die geografisch deutschen Namen und noch dazu in der Kyrillica aufscheinen, ist ein ironisches Kuriosum.
Preußisch-Eylau wurde nach dem georgischen Fürsten Bagration benannt, der als russischer Feldherr bei Heilsberg, Guttstadt und Friedland, nicht aber bei Preußisch-Eylau selbst gekämpft hat. Offenbar hat aber der Georgier Stalin seinen georgischen Landsmann auf's Schild heben wollen. Den tatsächlichen russischen Oberbefehlshaber in bewußter Schlacht, Graf von Bennigsen, mochte man als verdienten Namensgeber wohl nicht nehmen, denn der war Deutscher (!) aus Braunschweig und starb 1826 in Hannover. Der auf dem Brustbild dargestellte Offizier mit Vornamen Vasilij Iwanowitsch stammt aus der erwähnten Bagration-Offiziersfamilie.

Preußisch-Eylau. Das über 10 m hohe L'Estocq-Denkmal hat den Krieg überdauert. Hier hat die sowjetische Verwaltung offenbar bewußt russische Geschichtsspuren gepflegt, was sie an vielen anderen möglichen Orten unterließ. Denn der in Celle 1738 geborene Anton Wilhelm von L'Estocq verhinderte am 8. Februar 1807 mit seinem preußischen Korps unter Stabschef Oberst Scharnhorst eine Niederlage der Russen unter Bennigsen, die zum Schutze Königsbergs bei Preußisch-Eylau stehengeblieben waren. Das 1856 von Friedrich Wilhelm IV. in Auftrag gegebene Denkmal markiert somit die erste Schlacht, die Napoleon nicht gewinnen konnte – Vorbote der russisch-preußischen Allianz, die 1812/13 in die Befreiungskriege einmündet.

Preußisch-Eylau, unmittelbar an der Grenze zu Polnisch-Ostpreußen gelegen – in einer sensationellen Aufnahme von der polnischen (!) Seite. Die Stadt liegt bereits im Sperrgebiet und ist nur dadurch erreichbar, daß für die vom polnischen Bartenstein herführende Straße ein Grenzübergang für Delegationen hin und wieder geöffnet wird. Nicht aber für Deutsche. Wer unmittelbar von der polnisch-sowjetischen Grenze linkerhand am nördlichen Rand des Preußisch-Eylauer Forstes (der im polnischen Teil liegt) nach Warschkeiten wandert, kann von der kleinen Anhöhe des sogenannten Napoleonhügels diesen unglaublichen Blick auf die Dächer von Preußisch-Eylau erheischen. Es ist der einzige Blick auf eine Stadt im sowjetischen Ostpreußen von der polnischen Seite. Links im Bild das alte Sägewerk, rechts die Kasernen, die heute von den Grenztruppen des KGB genutzt werden. Es handelt sich hier also um die Randbezirke der Stadt; das eigentliche Zentrum läßt sich nicht ausmachen. Rechts unten am Bildrand das gelbe polnische Grenzschild „Granica Państwa" (= Staatsgrenze).

Bild rechts unten:
Sprachlos steht der Besucher des Jahres 1989 im Innern der Tharauer Pfarrkirche. Die russischen Kinder sind unbeeindruckt und ins Kartenspielen vertieft. Worüber sollen sie sich im „Land der tausend Ruinen" auch noch wundern?

Noch ist die Kirche in Tharau, im Süden Königsbergs, eine Ruine. Eins von zahllosen erschütternden Bildern im nördlichen Ostpreußen. Angesichts der Fülle der zu restaurierenden Objekte könnte man resignieren. Das Bild ist von der Stelle des alten Pfarrhauses aufgenommen, in dem 1618 die Pfarrerstochter Anna Neander geboren wurde; sie ist als „Ännchen von Tharau" in die Geschichte eingegangen und in Memel kürzlich „wiederauferstanden".

Kirche von Tharau, Juni 1990 – es geschehen noch Zeichen und Wunder! Wo noch ein Jahr zuvor die Kinder in Unrat und Geröll beim Kartenspielen zu sehen waren, räumen die Einheimischen in löblicher Eigeninitiative den Schutt beiseite. Mit dabei der deutsche Verleger Gerhard Rautenberg (zweiter von links), der zu den ersten Ausländern zählt, die zur kulturellen Kontaktaufnahme schon des öfteren in Nordostpreußen reisen durften. Ein hoffnungsvoll stimmendes Erlebnis, dem wir vielfache Wiederholung wünschen.

Am Stadtrand von Königsberg heißt uns ein überdimensionales „Kaliningrad"-Schild willkommen. Königsberg wurde nicht sofort bei Kriegsende in „Kalininstadt" umbenannt, sondern hieß auch nach 1945 noch in russischer Schreibweise „Kenigsberg". Anders als der polnische Nachbar (Królewiec) verwendeten die Russen immer den deutschen Ortsnamen. Dann aber starb am 3. Juni 1946 das sowjetische Staatsoberhaupt Michail Iwanowitsch Kalinin, nach dem bereits (seit 1931) das ehemalige Twer in Kalinin umbenannt war. Trotzdem erfolgte am 4. Juli 1946 die Namensgebung Kaliningrad für Königsberg. Es gibt augenblicklich Überlegungen in der Sowjetunion, eine erneute Umbenennung vorzunehmen: z. B. in „Kantgrad" oder gar wieder in „Kenigsberg"!

1255 gegründet, mit kulmischem Recht versehen, nach Memel und Braunsberg die älteste Stadt Ostpreußens – über See mit Lübeck verbunden, wie Danzig eine Schaltstelle im Osthandel: dies alles symbolisiert die Siegelmarke der Kaufmannschaft in Königsberg.

Die 633 m lange Pregelbrücke zwischen Neuendorf und Palmburg wurde 1938 erbaut und war Teil einer gedachten Autobahnumgehung Königsbergs im Süden. Seit ihrer Sprengung im Jahre 1945 ragt sie – nur teilweise wiedererrichtet – bizarr in den Himmel. Die Autobahn selbst endete – von Elbing herkommend – zunächst in Ludwigswalde und sollte laut Planung südlich des Pregeltals bis Insterburg weitergeführt werden, wo ein Abzweig nach Tilsit vorgesehen war. Auf Landkarten des Jahres 1939 ist diese Streckenführung bereits eingezeichnet.

Durch Vororte erreichen wir den Süden Königsbergs: die erst 1926 erbaute Rosenauer Kirche hat den Krieg überdauert. Königsberg zählte über 20 Kirchen mit Synagogen, zwölf davon, sowie der Dom, waren bei Kriegsende zerstört.

Westlich von Rosenau die bevölkertste Vorstadt Königsbergs – Ponarth. Im Bild das berühmte Gebäude der Ponarther Brauerei in einer Aufnahme vom Juni 1990! Um dieses Gelände rankt manche Spekulation. Denn im Zusammenhang mit dem spurlosen Verschwinden des Bernsteinzimmers 1945, das während des Krieges kurzzeitig im Königsberger Schloß ausgestellt war, ist in den letzten Jahren verstärkt im Ponarther Brauereigelände gebuddelt worden.

„Bier-Niederlage Brauerei Ponarth A. G. Königsberg Pr." Solche verwaschenen Inschriften gibt es noch immer im polnischen und sowjetischen Ostpreußen.

Wie vor dem Kriege fährt die Straßenbahn von Ponarth durch das Brandenburger Tor in die Innenstadt. Der Name hat nichts mit dem Berliner Wahrzeichen zu tun, sondern bezieht sich auf Brandenburg am Frischen Haff. Gäbe es nördlich von Braunsberg einen offenen Grenzübergang zwischen Polen und der Sowjetunion, gelangten wir auf dieser Straße von Elbing über Heiligenbeil kommend nach Königsberg.

Im preußischen Adler des Brandenburger Tores ist das Kürzel „FR" (Fridericus Rex) gut auszumachen. Den heutigen Einheimischen dürfte das wenig sagen.

Wer mit dem Zug auf dem ehemaligen Hauptbahnhof (heute: Südbahnhof) ankommt, gelangt zu Fuß rasch zur ehemaligen katholischen Pfarrkirche auf dem Oberhaberberg. Königsberg hatte fünf katholische Kirchen vor dem Kriege; 5 % der Königsberger waren katholisch.

Im Kriege schwer beschädigt, wurde die Kirchenruine in den 70er Jahren zur „Kaliningrader Philharmonie" umgebaut und 1980 eröffnet. Über dem Eingang steht auf russisch „Konzertsaal".

Blick von den Parkanlagen an der Österreichischen Straße zur ehemaligen katholischen Kirche, jetzt Philharmonie. An der Stelle des ehemaligen SA-Denkmals (aus der NS-Zeit) finden wir heute ein Denkmal der „polnisch-sowjetischen Waffenbrüderschaft". Wie lange das dort wohl noch stehen wird?

Bild rechts oben:
Vom Oberhaberberg über die Hohe Brücke in die Innenstadt. Am alten Pregel steht einsam und verlassen das alte Brückenzollhäuschen.

Bild rechts unten:
Am alten Pregelufer gegenüber dem Weidendamm das traditionsreiche Backsteingebäude der „Ostdeutschen Verlagsanstalt" in der Selkestraße.

Bild nächste Doppelseite: Die Kneiphöfsche Börse wurde 1875 am Vorstädtischen Pregelufer erbaut, mittlerweile der 4. Bau seit der 1. Königsberger Börse von 1619! Heute dient der Bau als „Kulturpalast der Seeleute".

УРЫ МОРЯКОВ

Die Kneiphöfsche Langgasse wird heute als Hochbrücke über Pregel und Kneiphof geführt. Von hier der Blick auf die Lastadie am Hundegatt. Ein einziges Haus aus deutscher Zeit, mutterseelenalleine, von einem Mäuerchen umgeben, ist von diesem einst malerischen Winkel Königsberg mit Speichern und Schiffsmasten übrig geblieben. Links im Bild der Erweiterungsbau der großen Sporthalle.

Blick von der früheren Grünen Brücke in Richtung der beiden Eisenbahnbrücken mit ihren neuen hydraulischen Anlagen. Rechts hinter der weißen Wolke die frühere Gasanstalt, die heute wieder in Betrieb ist.

Das alte Königsberg hatte fast den ganzen Krieg unbeschadet überstanden. Aber in nur zwei nächtlichen Luftangriffen durch die Royal Air Force am 26./27. und 29./30. August 1944 wurde die gesamte Innenstadt in Schutt und Asche gelegt. Die Aufnahme stammt vom Kneiphof mit der Dom-Ruine vom Spätherbst 1944.

Blick von der alten Krämerbrücke zum Schloß zur Zeit der Jahrhundertwende. Auch mit dieser Postkarte in Händen gelingt dem heutigen Touristen, auf der neuen Hochbrücke stehend, nur schwer der Motiv-Vergleich.

Alte Königsberger verzweifeln: Blick vom Münchenhofplatz zum Dom. Links an der Domruine gut erkennbar die „Stoa Kantiana“. Die Neubaublocks im Hintergrund stehen in der Kneiphöfschen Holzwiesenstraße.

Der größte Sohn der Stadt Königsberg wird bis heute verehrt: das zum 200. Geburtstag Immanuel Kants von Prof. Cauer gestaltete Grabmal wurde 1924 an die Nordostecke des Doms angefügt und hat die Bombardierungen wundersamerweise überstanden.

Der Königsberger Dom wurde zwischen 1330 und 1380 auf dem Kneiphof erbaut, der dritten Stadt neben Altstadt und Löbenicht, die alle erst 1724 zu einer Stadt vereint wurden. Ab 1523 war der Dom bereits evangelisch, 1525 erfolgte die Umwandlung des Ordensstaates in das weltliches Herzogtum Preußen.

Das Grabmal ist ein Kenotaph; das echte Grab Immanuel Kants befindet sich in der Professorengruft des Doms. Die Sowjetbürger verehren Kant – anfänglich mag behördlicherseits ein ideologisches Kalkül die Grabpflege gefördert haben: Kants Philosophie sozusagen als Wegbereiter zu Hegel und weiter zu Marx…

Der Königsberger Dom vom Juni 1990. In den sechziger Jahren war der Kaliningrader Stadtsowjet drauf und dran, den Dom zu schleifen, wie es mit den meisten Ruinen geschah. Doch dann setzten sich die Kulturbewußten durch, die Ruine wurde stabilisiert und zuletzt (1990) sauber gefegt. Der Wiederaufbau des Doms ist mittlerweile beschlossene Sache. Zwischen der Evangelischen Kirche Deutschlands (EKD) und der russisch-orthodoxen Kirche sind Gespräche anberaumt.

Beim Gang über die Honigbrücke zum Dom haben wir die ganze Südfront der Ruine vor uns. Wir stoßen unerwartet auf eine zweite Königsberger Persönlichkeit, den Theologen und Begründer der freien evangelischen Gemeinde Julius Rupp (1809–1884). Der Granitfindling war mit einem Bronzerelief von der Hand seiner Enkelin Käthe Kollwitz (!) gestaltet, das aber im Krieg verloren ging.

Mittlerweile mit einem Ersatzrelief versehen plus russischer Übersetzung der deutschen Inschrift, ist dieses einzige rein deutschsprachige Denkmal im russischen Kaliningrad bemerkenswert: Ist nicht ausgerechnet dieser Wahlspruch eine schallende Ohrfeige für die alte kommunistische Führung: „Wer nach der Wahrheit, die er bekennt, nicht lebt, ist der gefährlichste Feind der Wahrheit selbst"!?

Walther von der Vogelweide auf dem Kneiphof! Die heutige „Kantinsel" wurde zur Grünanlage und das 1930 (von Georg Fugh) erstellte Denkmal des Minnesängers vom Tiergarten nach hier überführt. Kant, Rupp und Walther von der Vogelweide – nirgends sonst in Ostpreußen finden sich drei deutsche Persönlichkeiten so nah beieinander bewahrt und geehrt.

Deutsche Grabtafel an der Außenwand des Königsberger Doms.

Die Kreuzkirche an der Plantage auf der Lomse im April 1989: eingekeilt zwischen neuen Wohnblocks und den Pfeilern einer neuen Hochbrücke. Die erst 1933 errichtete Kirche wurde im Kriege beschädigt und bis zuletzt als Fabrikationsstätte für Fischereibedarf (!) zweckentfremdet. Was hätten wohl die ersten deutschen Touristen an Empörung auf die einheimische Stadtführerin losgelassen! Denn auf eigene Faust hätten sie ihre Kreuzkirche schließlich gefunden. Gut so, daß dieser Schock fürderhin erspart bleibt.

Bild rechts oben:
Auf dieser Aufnahme vom Juni 1990 sehen wir nun die positive Veränderung: der zweite Turm hat bereits ein Holzgerüst erhalten; die Kreuzkirche wird wieder als Gotteshaus restauriert werden.

Bild rechts unten:
Ein weithin leuchtendes Kreuz schmückt den Portalbogen der Kreuzkirche. Dieses und der umlaufende, gut lesbare, deutsche Bibelspruch wurden jahrelang von sowjetischen Propagandaplakaten verhängt. Der Wind hat mittlerweile sein übriges getan…

Peace
Friede

Zu Fuß vom Münchenhofplatz über den Sackheim zur Litauer Wallstraße – stehen geblieben sind große Backstein-Komplexe; oft Schulen und Krankenhäuser. Hier die Bessel-Oberrealschule am Mittelanger (heute eine Musik-Fachschule), 1921 zu Ehren des aus Minden stammenden Mathematikers und Astronomen errichtet, der nach seiner Berufung nach Königsberg in den Jahren 1811–13 die berühmte Sternwarte erbauen ließ.

Bild links oben:
In der Landhofmeisterstraße – der nächsten Querstraße nach dem Mittelanger – die ehemalige Königin-Luise-Schule, 1901 zu Ehren eines Landhofmeister-Hauses benannt, in dem 1798 die preußische Königin Luise gewohnt hatte.

Bild links unten:
Benachbart in derselben Straße: die „Ostpreußische Landschaft", ein ehedem ansprechender Bau im Barockstil mit dekorativem Säulenportal. Unverständlich bleiben uns die in der Sowjetzeit eingefügten Jahreszahlen 1951 und 1953 (im Giebel).

In der nächsten Querstraße – Ziegelstraße – das ehemalige Elisabeth-Krankenhaus, seit 1893 das Haus der Grauen Schwestern. Königsberg besaß vor dem Krieg sieben Krankenhäuser und acht Polikliniken.

Das Königseck – eine Verbindung mittels Torweg von der Königstraße in die Wilhelmstraße.

Alle fünf Königsberger Stadttore sind bis heute erhalten geblieben. Hier das Sackheimer Tor. Der gelbe Wolga trägt nach der Ordnungsnummer 1769 auf dem Nummernschild das Buchstaben-Kürzel KLL. Die beiden ersten Zeichen „KL" stehen für Kaliningrad. Ein aussagekräftiges Dokumentarbild!

Im früheren Reserve-Lazarett auf dem Sackheim befindet sich heute eine Schule.

Die Königstraße schließt mit dem Königstor zur Litauer Wallstraße ab. Mit dieser Aufnahme läßt sich gut dokumentieren, worin das zwiespältige Erlebnis eines Königsberg-Aufenthaltes liegt. Fügt man die zahlreichen Einzel-Motive, aus der Nähe betrachtet, zu einem Mosaik zusammen, bzw. hier zu einem Bildband, sieht die Summe der Details besser aus als die tatsächliche Realität. Als bestes Beispiel mag die Villen-Sammlung hier im Bildband auf den Seiten 116/117 gelten. Aus der großräumigeren Distanz betrachtet, sieht man dagegen das ganze Elend bisheriger sozialistischer Stadtverwahrlosung: hochstehende Straßenbahnschienen, Unkraut, Abfall – ein Jammer...

Ursprünglich stand hier das Gumbinnensche Tor. 1850 entstand dieser Neubau des Königstors, das angesichts des steigenden Verkehrs dann ab 1890 ganz frei gestellt wurde.

Am Königstor haben sich bei Kriegsende die Scharfschützen ausgetobt: den drei Figuren fehlen die Köpfe! Hätten freilich die sowjetischen Soldaten gewußt, daß wenigstens die linke Person der tschechische (slawische!) Böhmenkönig Ottokar II. ist, hätten sie vielleicht nur die beiden anderen Köpfe ins Visier genommen: König Friedrich I. (Mitte) und Herzog Albrecht. Aber die polemische Frage wird dem mörderischen Krieg und seinem Ende in Königsberg so oder so nicht gerecht.

Jenseits des Königstors, zu beiden Seiten der Labiauer Straße, erstrecken sich zahlreiche Friedhöfe – viele aufgebrochen, durchwühlt, geschändet. Vereinzelt liegen deutsche Grabtafeln kreuz und quer.

Die nachdenkenswerteste Grabplatte finden wir auf dem israelitischen Friedhof in der Friedhofsstraße. Oben rechts an der Bruchkante sind die hebräischen Schriftzeichen noch gerade lesbar. Bei Jurburg (russisch) handelt es sich um den an der Memel in Litauen liegenden Ort Georgenburg (litauisch: Jurbarkas), unmittelbar hinter der ostpreußischen Grenze bei Schmalleningken. So symbolisiert der Grabstein den stetigen Strom der Ostjuden aus dem seinerzeitigen Zarenreich ins liberale Preußen, das dank seiner Gesetzgebung (1812 jüdische Gleichberechtigung) ein Magnet für die Juden aus dem autoritären Zarenreich wurde. Königsberg hatte um die Jahrhundertwende 4500 jüdische Mitbürger (2 % der Bevölkerung), 1939 noch 1500. Etwa 25 % waren Ostjuden, die Mehrheit aber assimiliert.

Synagoge in der Lindenstraße auf der Lomse – 1894–96 mit einer 46 m hohen Kuppel erbaut, die größte der fünf Königsberger Synagogen vor dem Zweiten Weltkrieg. Dieser erste Großbau einer Synagoge in Deutschland wurde nach einer Ausschreibung von 33 Entwürfen ausgewählt. Das herrliche Gebäude lag direkt an der Honigbrücke mit Blick zum Dom. 1938 wurde im Verlauf des Pogroms der sogenannten Reichskristallnacht die Synagoge niedergebrannt.

Das Roßgärter Tor mit Blick in den Hinterroßgarten.

Bild rechts oben:
Das Roßgärter Tor wurde zu einem Café umgebaut. Im Portal grüßen Scharnhorst (links) und Gneisenau! General von Scharnhorst (1755–1813) war 1808 in Königsberg der berühmte Armee-Reorganisator, Neithard von Gneisenau (1760–1831) sein wichtigster Mitstreiter.

Bild rechts unten:
Die Defensionskaserne am Herzogsacker hieß „Kronprinz-Kaserne". Die Inschrift hat bis heute in Königsberg überdauert!

DEFENSIONS ASERNE
KRONPRINZ

Der mächtige Dohna-Turm am Oberteich stammt aus dem Jahre 1850. Die Inschrift am Dohna-Turm ist informativ, eigenwillig und nachdenkenswert: „Auf diesem Turm hißten nach der Vernichtung der Hitlerschen Garnison (sic!) am 10. April 1945 sowjetische Soldaten die Siegesfahne über Königsberg" (Im Original: Kenigsberg!)

Im heutigen Bernstein-Museum sind Exponate unterschiedlicher Herkunft ausgestellt. Teils sind es geringe Restbestände des deutschen Vorkriegs-Museums im Geologischen Universitäts-Institut.

Das für den preußischen König Friedrich Wilhelm I. geschaffene Bernsteinzimmer schenkte dieser 1717 dem russischen Zaren Peter dem Großen; seit 1760 war es im Katharinenpalais von Zarskoje Selo (heute: Puschkin) eingebaut. 1942 montierten deutsche Spezialeinheiten im Zusammenhang weitreichender Kunstdiebstähle aus dem besetzten Rußland das Bernsteinzimmer ab, und es konnte anschließend von den Königsbergern im Schloß während der letzten Kriegsjahre bestaunt werden. Es ist seit Kriegsende verschollen. Mittlerweile haben sowjetische Stellen in Leningrad den Nachbau des Bernsteinzimmers in Auftrag gegeben.

Diese Doppelseite zeigt ein kleines Königsberger Kaleidoskop. Viele Villen, Geschäftshäuser und Schulen vor allem im Westen und Nordwesten der Stadt sind gut erhalten und wurden zum Teil wieder instand gesetzt.

Blick vom Dohna-Turm über den Oberteich. Im Hintergrund liegt der Villenvorort Maraunenhof.

Bild rechts oben:
Von der westlichen Schloßteichpromenade aus erkennen wir einen Erweiterungsbau der Stadthalle, die selbst hinter den Bäumen verborgen steht. Auch die Schloßteichbrücke wurde instandgesetzt. Noch vor wenigen Jahren war der Schloßteich ein einziges Modderloch mit verwahrlosten Promenaden.

Bild rechts unten:
Stadthalle am östlichen Schloßteichufer, 1912 eingeweiht. Früher Stätte großer Symphoniekonzerte, heute „Regionalmuseum der Schönen Künste und der Geschichte".

Königsberg i. Pr.
Stadthalle.

Die durch den ersten Bombenangriff 1944 zerstörte Stadthalle fand noch 1981 Willi Scharloff bei seinem ersten Besuch in Königsberg unverändert als Ruine am Schloßteich. In seinem seinerzeit aufsehenerregenden Buch ist sie noch als solche abgedruckt. Über den beinahe originalgetreuen Wiederaufbau in den 80er Jahren sind wir freudig überrascht.

Bild rechts unten:
Königsberg in Kaliningrad! Eine russische Stadtführerin hebt erläuternd alte Fotos vom Königsberger Schloß vor den Neubau des „Hauses der Räte". Der Ort ist identisch, denn man hat die Schloßruine 1969 (!) abgerissen und den klotzigen Neubau dafür erstellt. Er ist seit Jahren unvollendet, und mit dem Einzug der Behörden wird es wohl für's erste nichts: von Einheimischen ist zu erfahren, daß ungesicherter Grund zum Absacken des Hochhauses und zu langen Rissen im Beton geführt hat. Heute bedauern auch die Russen längst, die Königsberger Schloßruine nicht aufgebaut zu haben – sie wäre zu retten gewesen! Aber 1969 wehte diesbezüglich noch ein ganz anderer Geist in der Sowjetunion.

Königsberg 1944 – ein schauriges Dokument des Untergangs: Blick von der Schloßteichbrücke auf den Münzplatz mit der ausgebrannten Schloß-Ruine.

Der unfertige Neubau des Rätehauses bietet gleichwohl ungeahnte Rundblicke über das Königsberg von 1990: so als ob man hoch im alten Schlosse stünde, blicken wir über den Schloßteich nach Norden. Die Neubaublocks links stehen in der Münzstraße. Rechterhand ist die aufgebaute Stadthalle mit dem davorliegenden Erweiterungsbau zu sehen. Am Horizont schimmert das Blau des Oberteiches durch.

Bild rechts oben:
Dank dieser bislang unveröffentlichten Panorama-Aufnahme vermögen wir nun das ganze Ausmaß der Veränderungen zu erblicken. Vor uns, von links heranführend, die ehemalige Kneiphöfsche Langgasse mit Kantstraße – jetzt der Leninprospekt, als Hochstraße die Dominsel überbrückend. Auf dem Terrain der Lastadie steht eine riesige Sporthalle und rechts daneben der schon erwähnte Erweiterungsbau. Im fernen Hintergrund sind der Gruppen- und Turmspeicher im Industriehafen auszumachen.

Bild rechts unten:
Auch hier werden die kundigen Königsberger tief durchatmen müssen: die breite Ausfallstraße links am Neuen Pregel ist der Sackheim! Jenseits die Lomse mit ihren Neubauvierteln; die Kreuzkirche ist schon zugebaut. Rechts die Holzbrücke und in Verlängerung die Lindenstraße mit dem Weidendamm. Neben dem freistehenden Haus aus deutscher Zeit, dem ehemaligen jüdischen Waisenhaus, hinter der Holzbrücke stand bis 1938 die große Synagoge.

Bild nächste Doppelseite:
Blick vom Schloß auf den Kneiphof – das ist heute vom Neubau des Rätehauses auf die leere „Kantinsel" mit Domruine! Kein Motiv des heutigen Kaliningrad dokumentiert die Auslöschung von 700 Jahren gewachsener Königsberger Geschichte drastischer als dieses!

Blick über den ehemaligen Gesekusplatz in den Steindamm und damit weiter in Richtung Nordbahnhof. Links am Horizont die erhalten gebliebenen Außenbezirke Vorder- und Mittelhufen.

Detailstudie des Fotos auf Seite 123 oben. Die Teleaufnahme vom Rätehaus am Schloßplatz zeigt deutlich in Verlängerung des Sporthallen-Erweiterungsbaus auf der Lastadie den Gruppen- und Turmspeicher im Industriehafen sowie links daneben die Lagerhallen im Freihafen. Beide Speicher sind durch den Tele-Effekt scheinbar zusammengerückt.

Der Paradeplatz war in seiner architektonischen Geschlossenheit ein Schmuckstück der Stadt. Hier endete mit der Kapitulation von General Lasch am 9. 4. 1945 die deutsche Geschichte Königsbergs. Sein Bunker ist rechts neben dem Reiterstandbild Friedrich Wilhelm III. eingebaut worden. Der Blick aus den Fenstern der Albertus-Universität über den Paradeplatz fällt auf das große Gebäude, in dem Europas größte Sortimentsbuchhandlung vor dem Kriege, Gräfe und Unzer, untergebracht war.

Die Steindammer Kirche von 1263 war seit 1526 für die evangelischen Polen und Litauer zugewiesen, und bis 1874 gab es hier polnischen Gottesdienst! Und in der russischen Besatzungszeit zwischen 1758–62 gab es sogar russisch-orthodoxen Gottesdienst! Für die heutigen russischen Kaliningrader wäre das eine wertvolle historische Spur – aber 1945 haben die sowjetischen Soldaten diese Kirche zerstört.

Nach der Einschließung Königsbergs durch sowjetische Truppen im Januar 1945 wurde General Otto Lasch zum Befehlshaber des „Festungsbereichs Königsberg" benannt. Der schon erwähnte Bunker wurde in seinem Originalzustand belassen und zusätzlich museal aufbereitet. Fall und Untergang von Königsberg sind in eindrucksvollen Farb-Dioramen drastisch gemalt, wie dieses Foto vom Kneiphof und dem dahinter liegenden Schloß verdeutlicht.

Königsberg, Paradeplatz-Bunker, 1945 – so wie es zuletzt gewesen war! Der Schreibtisch von Otto Lasch, unverändert seit der Kapitulation am 9. 4. 1945.

Spektakuläres Panorama im Lasch-Bunker: oben der Paradeplatz – gut erkennbar links die Universität, in der Mitte das Reiterstandbild Friedrich Wilhelm III. und rechts die Buchhandlung Gräfe und Unzer. Darunter im Aufriß der unterirdische Bunker – also dort, wo wir selbst gerade stehen!

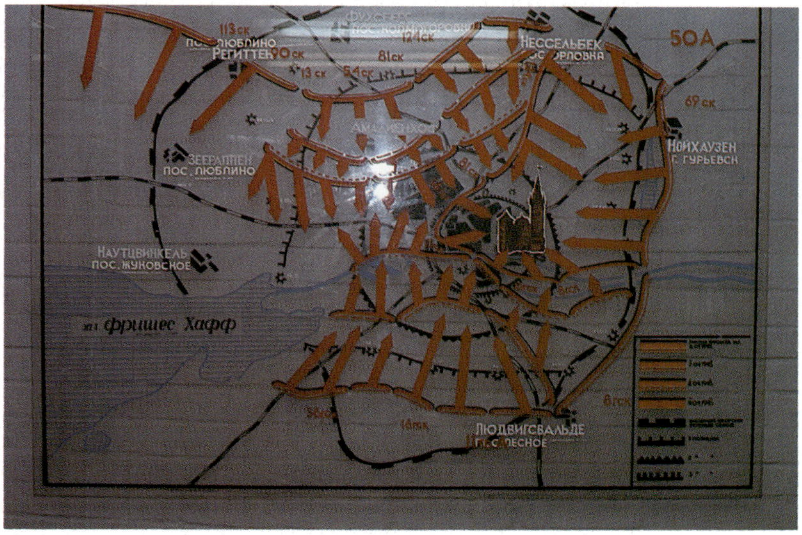

Gefechtskarte von Königsberg, Januar–April 145, mit deutschen Ortsangaben in kyrillischer Schrift: „Frisches Haff, Ludwigswalde, Neuhausen, Nesselbeck, Seerappen". Bereits Ende Januar 1945 hatten die sowjetischen Truppen die ostpreußische Hauptstadt fast umzingelt. Ein Massaker in Metgethen machte den Königsbergern klar, was sie zu erwarten hatten. Zwar konnte der Verbindungsweg zum Pillauer Hafen noch bis zum 7. 4. 1945 aufrecht erhalten werden, aber am 9. 4. 1945 kapitulierte General Lasch, nachdem die Sowjets praktisch vor seinem Bunker am Paradeplatz aufgetaucht waren. Königsberg zählte bei der Kapitulation 30–35 000 Soldaten, ca. 15 000 Fremdarbeiter und mehr als 110 000 Einwohner. Davon sind 85 000 Menschen bis zum Jahre 1947/48 durch Hunger, Seuchen und Verschleppung ums Leben gekommen. Der Rest wurde nach Deutschland ausgesiedelt.

Fort V an der Straße nach Rauschen, eines der früher insgesamt 12 Königsberger Forts. Hier wurde eine Art Wallfahrtsstätte eingerichtet, die der Kämpfe um Königsberg gedenkt.

Bild rechts oben: 1974 wurde aus Anlaß des 250. Geburtstages Kants in der Universität ein Kant-Gedächtnismuseum eingerichtet.

Bild rechts unten: Am nördlichen Paradeplatz an alter Stelle: die neue „Kaliningrader staatliche Universität". Bis zu ihrer Bombardierung im August 1944 stand hier die „Neue" Albertus-Universität, die 1844 anläßlich des 300. Jubiläums im italienischen Renaissancestil erbaut wurde. 1544 war die „Alte" Universitätsgründung auf der Dominsel durch Herzog Albrecht von Preußen erfolgt.

Bild links oben: 1857 schuf Christian Daniel Rauch die Kant-Statue. Das Denkmal ist verschwunden. Ein erstaunliches biografisches Detail seines Lebens (1724–1804) ist Kants Heimatliebe – er war so „seßhaft", daß er Königsberg so gut wie nie verließ. Seine berühmten Hauptwerke erschienen 1781 bis 1790. Der Ostpreuße Kant aus Königsberg ist Deutschlands bedeutendster Philosoph des 18. Jahrhunderts.

Bild links unten: Deutsche Inschrift 1990 an einem alten Königsberger Universitätsinstitut.

IMANU-
ELIS
KANTAS
ТВОРЧЕСТВО КАНТА – ТЕОРЕТИЧЕСКАЯ ОСНОВА
НЕМЕЦКОЙ КЛАССИЧЕСКОЙ ФИЛОСОФИИ

КАЛИНИНГРАДСКИЙ ГОСУДАРСТВЕННЫЙ
УНИВЕРСИТЕТ

Das Neue Schauspielhaus an der Hufenallee symbolisiert den ganzen Nordwesten Königsbergs, der den Krieg erstaunlich gut überdauert hat. Auf dem Hufen, in Amalienau und Rathshof steht noch viel alte deutsche Bausubstanz. Das Neue Schauspielhaus war zwar schwer beschädigt, ist aber als „Kaliningrader Dramentheater" (mit einem klassizistischen Säulenportikus) wieder instandgesetzt worden.

Auf dem Steindamm und Hansaring erreichen wir den Nordbahnhof am Hansaplatz. Das Gebäude wird heute aber als „Internationales Haus der Seeleute" genutzt; die eigentliche Bahnhofsabfertigung wurde hinter dem einstigen Hauptgebäude neu erstellt. Rechts daneben war der Eingang zum Gelände der weithin bekannten früheren Ostmesse, die ab 1920 zum ersten Mal hier ihre Pforten öffnete.

Ostpreußen war durch den Versailler Vertrag vom Reich territorial abgetrennt worden. Die Ostmessen gaben den Königsbergern ein Stück Gewißheit, nicht ganz auf „verlorenem Posten" zu sitzen.

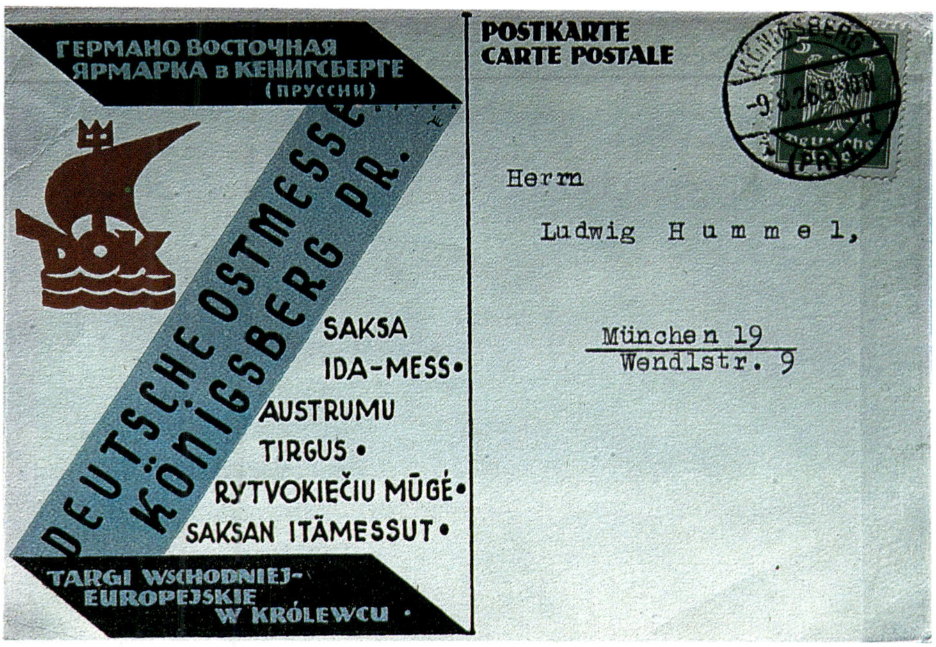

Eines der wenigen deutschen Denkmäler, die in Königsberg stehen geblieben sind, ist das von Prof. Cauer 1910 erbaute Schiller-Denkmal. Ursprünglich vor dem Opernhaus, steht es seit 1936 auf der Hufenallee gegenüber dem Neuen Schauspielhaus und erhielt über das deutsche „Schiller" eine kyrillische, identische Zusatzinschrift.
Die Postkarte von 1926 illustriert das Königsberger Bemühen, aus der ostpreußischen Insellage das Beste zu machen: Brückenkopf und Schaltstelle im Handel mit Polen und der Sowjetunion, besonders aber mit den neuen Nachbarn im Baltikum zu werden. In sechs Sprachen warb Königsberg für seine Ostmesse in sprachlich korrekter Form! Auf polnisch (unten): „w Królewcu" (= in Königsberg) sowie auf russisch (oben): „w Kenigsberge". Dazu auf estnisch, lettisch, litauisch und finnisch.
Wie heißt es doch heute auf polnischen Prospekten in deutscher Sprache? „Willkommen in Gdańsk!"

Auf der Hufenallee stadtauswärts der Tiergarten, der 1896 eröffnet wurde und auch heute noch als solcher dient. Der Elch ist aber ein... Denkmal! Vor dem Kriege stand er vor dem Grenzlandtheater in Tilsit. Auch der Elch von Gumbinnen hat seinen letzten Weg in den Königsberger Zoo gefunden. So sind beide ostpreußischen Elchdenkmäler gerettet und eigentlich ganz sinnfällig aufgestellt worden.

Königsberg in Preußen lag „weit ab vom Schuß" – doch galt die ostpreußische Hauptstadt vielen als europäischste der deutschen Großstädte! Es gab weit über ein Dutzend ausländischer Konsulate, ein modernes Verkehrswesen, bedeutende Sehenswürdigkeiten, blühenden Handel und Gewerbe, ein vielfältiges geistiges Leben – also ein geordnetes Gemeinwesen! Die Solidität dieser Stadt mag hier einmal eine schlichte Vignette der Stadtsparkasse widerspiegeln, von der wir beiläufig entnehmen, daß sie mit Gründungsdatum 1828 (!) eine der ältesten Deutschland war.

An der Hufenalle, Ecke Tiergartenstraße, leuchtet das alte Hufengymnasium durch die Bäume – gut restauriert und heute ein Technikum. Am Portal ein russisches Schild „Herzlich willkommen". Das Gymnasium ist 1915 eingeweiht worden. Daneben gab es zahlreiche weitere, außerdem alleine 12 Mittelschulen und 11 Fachschulen nebst Akademien.

Die Juditter Kirche am westlichen Stadtrand Königsbergs ist bereits 1288 als älteste Kirche des Samlandes erbaut worden. Und als erste Kirche im gesamten russischen Nordost-preußen wurde sie den Gläubigen zurückgegeben – aber nicht den Protestanten (die haben bislang keine), sondern der zahlreichen orthodoxen Gemeinde mit Prior Arkadij Nedosekov. Jetzt heißt die schlichte Backsteinkirche „Nikolai-Dom"; oben am Turm leuchtet ein orthodoxes Kreuz. Ein mittlerweile verabschiedetes Gesetz nach Rückführung aller Kirchen im Königsberger Gebiet zu Gotteshäusern zeigt erste Wirkung. Die orthodoxe Ikonostase wurde aus Smolensk bestellt. Die Gottesdienste sind überfüllt. Auch ein europäisches Kuriosum: russisch-orthodoxer Gottesdienst in einer gotisch-deutschen Backsteinkirche aus dem Mittelalter!

Noch sind im Jahre 1990 alle weiteren Kirchen zweckentfremdet – auch die Königin-Luise-Gedächtniskirche an der Lawsker Allee, Ecke Hammerweg. 1901 wurde sie als neuromanische Gemeindekirche für die Vororte Hufen und Amalienau eingeweiht. Ein ausgehängter Spielplan vom 16. 04. 89 mit der Inschrift „Teatr Kukol" (= Puppentheater) verrät den derzeitigen Verwendungszweck.

Bevor wir
Königsberg verlassen
und noch einmal durch die stilleren Vororte
schlendern,
finden wir ihn doch noch – den Königsberger
Kanaldeckel!
In Westeuropa habe ich solchen Gullies
nie große Aufmerksamkeit
geschenkt.

Zwischen Reval und Prag und von
Lemberg bis Hermannstadt
erinnern sie
aber an die dramatischen Wechselfälle in
der Geschichte der Völker
Ostmitteleuropas.
Hier haben Staatssprachen gewechselt,
wurden Menschen vertrieben,
sind neue Namen geprägt und fremde Völker
heimisch geworden.
Der Kanaldeckel
mit der originalen Ortsbezeichnung von
einst hilft zwischen
Estland und
Böhmen, Galizien und Siebenbürgen
die Erinnerung
an die alte, gewachsene Welt vor dem Vergessen
zu bewahren. Königsberg in Preußen lag
wirklich hier –
auch der Kanaldeckel wird es
noch für lange Zeit
bezeugen.

Wenn schon Königsberg für Ausländer gesperrt ist, dann ist es Pillau auch für Sowjetbürger. Bislang ist es offenbar noch keinem Deutschen privat gelungen, die samländische Seestadt zu besuchen. Bei Lochstädt riegelt eine Sperrzone jeglichen Besucherverkehr ab. Vermuten läßt sich besonders sensibles militärisches Gerät, etwa bei U-Booten, denen die geheimnisvollen Späh-Manöver in den schwedischen Schären zugerechnet werden. Von Einheimischen war zu erfahren, daß sogar ein eisernes Netz das Hafenbekken bis zum Grunde abriegelt.
Hier hat der Große Kurfürst, dessen Pillauer Denkmal heute in Eckernförde steht, 1679 die brandenburgisch-preußische Flotte begründet. Dabei war jedoch der Schwedenkönig Gustav Adolf der eigentliche Ziehvater des Unternehmens, denn 1626 erbaute er während der 10jährigen schwedischen Besatzungszeit die erste kleine Festung mit Kanonen.
Nach dem 1. Weltkrieg war Pillau die Nabelschnur, durch die die Insel Ostpreußen dank des „Seedienstes Ostpreußen" mit dem Reich verbunden war. Und 1945 haben hier bis zum Fall Pillaus am 25. April 451 000 Menschen evakuiert werden können. Ob wir es noch erleben werden, daß Pillau wieder ein „Tummelplatz der Segler" wird?

Bild folgende Doppelseite:
Rauschen an der Samlandküste.
Von den vier großen Ostseebädern vor dem Kriege galt sein Strand als spektakulärster vor Timmendorf, Misdroy und Zoppot. Die Szenerie am Meer hat sich auf's erste wenig verändert – noch immer bringt eine Seilbahn bzw. ein Lift die Badegäste die Steilküste hinab zum Strand. Rauschen gilt heute neben dem Rigaer Strand als das „Rimini der Sowjetunion" oder wie die Einheimischen sagen: „Sotschi des Nordens".

Rauschen, Königsberger Straße.
Pensionen, Kurheime und Villen haben viel Lokalkolorit von früher bewahrt. Aber wie in allen ehemaligen sozialistischen Staaten ist der Badetourismus bieder und entbehrt eines anspruchsvollen Gastgewerbes.

Bilder linke Seite:
Die Rauschener Wasserbäderklinik (oben) blieb erhalten und war bereits auf einer sowjetischen Briefmarke abgebildet worden.
Unverändert und unvergessen schön ist die Samlandküste bei Rauschen.

Rauschen.
1940 wurde die „Wasserträgerin" von Prof. Hermann Brachert im Lärchenpark als freie Plastik aufgestellt. Hier finden wir sie mit verändertem Ambiente wieder.

Cranz, Königsberger Straße.
Seit der 1855 eröffneten Bahnverbindung war die Ostsee für die Königsberger in einer halben Stunde erreichbar. Cranz rühmte sich damals schon einer 900 m langen Uferpromenade und besaß bereits 1817 (!) ein Badehaus mit Warmwasser. In der Königsberger Straße finden sich frühere Bewohner schnell zurecht. Das Postamt im rechten Backsteingebäude erfüllt heute denselben Zweck, wie sich an der russischen Aufschrift „Telefon" ablesen läßt.

Kraus-Kopf

Bild links oben: Cranz. Was heißt „Innenraum der alten Kirche?" Schließlich brauchen die Basketballspieler auch ein trockenes Plätzchen, oder?

Bild links unten: Cranzer Spezialität waren die ellenlangen Flundern, die gleich an der Straße warm zum Kauf angeboten wurden.

Cranz. Blick vom neuen Strand-Restaurant am Corso auf die frühere Bäderverwaltung. Später und auch heute wieder ein Wannen- und Moorbad.

Cranz – da staunt der Tourist im Sommer 1990! Andrej hat sich am 28. 4. 1990 verewigt. Nach Graffiti-Art mit Anti-Atomkraft-Symbol und einem unverständlichen Kürzel HBZ – 23. Aber Andrej hat herausbekommen, daß sein russisches Selenogradsk früher auf deutsch Cranz geheißen hat. Und das elektrisiert ihn offenbar; die ganze politische Öffnung im ehemaligen Ostblock, das Interesse an der Geschichte kennzeichnen diese jugendbewegte Tat des russischen Andrej.

Cranzer Holzvillen heute: eine Mischung von Vertrautem, Melancholie und sozialistischer Tristesse.

Cranz, das „Sotschi des Nordens". Im Hintergrund schwingt die samländische Küste sanft zur Kurischen Nehrung hin.

Der Weg von Cranz auf die Kurische Nehrung ist mit Hindernissen gepflastert. In Cranzbeek sperrt ein Schlagbaum die Weiterfahrt. Er ist hier noch schwerer zu überwinden als der, von Memel kommend, vor Schwarzort. Ohne Genehmigung oder Fürsprache gut bekannter Einheimischer ist das Passieren unmöglich. Die damit erzwungene Kontingentierung der Touristenströme schont ohne Zweifel das empfindliche Ökosystem der Kurischen Nehrung. Allerdings bestehen besonders im russischen Teil weiträumige Sperrgebiete. Vermutlich werden hier Militärobjekte abgeschirmt. Auf dem Hinweisschild heißt es etwas allgemein: „Regierungszone – Zugang ohne Genehmigung verboten!"

Rossitten wurde besonders durch die vom „Vogelprofessor" Johannes Thienemann errichtete Vogelwarte weithin bekannt. Heute macht der kleine Ort einen abgewirtschafteten Eindruck. Abgesoffene Boote im Hafen – es sieht ein bißchen aus wie bei „Hempels". Dieser Eindruck verstärkt sich später noch beim Vergleich mit dem litauischen Nordteil der Kurischen Nehrung.

Bild rechts oben:
Kirche in Rossitten – der Fantasie sind keine Grenzen gesetzt! Wie am außen angebrachten Flaschenzug erkennbar ist, dient das Kircheninnere heute industriellen Zwecken.

Bild rechts unten:
Im Inneren der Kirche ist eine Werkstatt zum Flicken und Instandsetzen von Fischernetzen eingerichtet worden.

Pillkoppen, das alte Fischerhaus von Karl Baltsch. Hier wohnt zuzeiten der Vorsitzende des „Kaliningrader Kulturfonds" Juri Iwanow, den mittlerweile schon einige Besucher aus Deutschland aufgesucht haben. Inwanow hat sich um die Erhaltung deutscher Baudenkmäler in Königsberg große Verdienste erworben. Vor der Tür steht Vilius Šepštas, von Geburt Deutscher, der zwischen Wilna, Memel und Königsberg allen Reisenden mit Rat und Tat zur Seite steht.

ЗЕЛЕНОГРАДС
СВЕТЛОГОРСК 78
КАЛИНИНГРАД 75

Pasu kontrole

Labiau. Auch hier hat deutsche Bausubstanz überdauert. In der Ordenszeit ging aller Danziger und Elbinger Handel durch Labiau. Und erwähnenswert: durch Labiau dampfte auf der Bahnstrecke Königsberg-Tilsit der „Rasende Litauer". Vor Kriegsbeginn lebten hier 6500 Einwohner.

Bild links oben:
Zwischen Pillkoppen und der litauischen Grenze vor Nidden der letzte einsprachige russische Wegweiser. In umgekehrter Richtung geht es wieder zurück nach Selenogradsk (Cranz), Swetlogorsk (Rauschen) und Kaliningrad (Königsberg). Solange die Chaussee Tilsit-Tauroggen (1826) nicht eine neue Straßenverbindung schuf, lief jeglicher Verkehr zu Lande von Deutschland nach Rußland über die Kurische Nehrung. Ob die Königin Luise bei ihrer Flucht 1807, ob noch Alexander v. Humboldt bei seiner Expedition nach Zentralasien via St. Petersburg 1829 – alle kamen hier vorbei.

Bild links unten:
Die russisch-litauische Grenze ist indirekt eine Folge des Mittelalters! Der Südteil wurde stets vom Samland regiert, der Nordteil von Memel, die Nehrung war insgesamt nie eine Verwaltungseinheit. Direkt ist sie allerdings eine Folge des Versailler Vertrages. Bei der Abtretung des Memellandes an Litauen (1923) kam der historisch von Memel aus verwaltete Nehrungsteil mit hinzu. Da das damals deutsch verbliebene Nord-Ostpreußen 1945 russisch wurde, Litauen aber wieder in seinen Gebietsstand von 1923 zurückversetzt wurde, entstand auf der Kurischen Nehrung zwischen Pillkoppen und Nidden diese russisch-litauische Grenzlinie. Das Vorkriegsfoto zeigt die litauische Grenzstation an der alten Poststraße kurz vor Nidden: „Pasu kontrole". Für einen Aufenthalt bis zu 48 Stunden wurden für deutsche Besucher sogenannte Bäder-Visa ausgestellt. Polnischen Touristen wurde aus schon erläuterten Gründen jegliche Einreise verweigert. Russen hätte man einreisen lassen, aber sowjetische Touristen gab es vor dem zweiten Weltkrieg keine.

Labiau, Deime-Brücke.
Die Deime ist ein rechter Pregel-Abzweig zum Kurischen Haff und entspricht so der Nogat zur Weichsel.

Durch das nördliche Samland Richtung Tilsit. Unweit der Deime-Mündung ins Kurische Haff liegt die Kreisstadt Labiau. Das Wappen aus deutscher Zeit kennt hier heute niemand mehr.

Friedrichsdorf, an der Bahnlinie Labiau-Tilsit:
nur eine von Hunderten Kirchenruinen im nördlichen Ostpreußen!

Ober-Eißeln bei Ragnit, Blick über den Strom auf den Rombinus. „Von der Maas bis an die …Memel!" Wir stehen zum zweiten Mal auf unserer Reise am allseits bekannten Strom – die wenigsten Deutschen haben ihn freilich je gesehen. In Kowno überquerten wir ihn noch als litauischen Nemunas, nun ist es der deutsche Grenzfluß, den Heinrich von Fallersleben in seinem „Lied der Deutschen" 1844 auf Helgoland als östliche Begrenzung auserkor. Während sich heute an der 1. Strophe des Deutschlandliedes niemand reibt, weil die Maas darin Erwähnung findet – eher schon an Etsch und Belt – hört man öfter den Tenor heraus, mit der Memel hätten wir Deutsche uns in der damals geschaffenen Hymne fast unanständig weit an östlichem Land vergriffen. Richtig ist aber, daß die Maas nie in Deutschland floß, die Memel dagegen noch lange nicht Grenze im Osten war; die preußisch-deutsche Ostgrenze verlief ja einiges nordöstlich der Memel – und das seit 1422! Erst nach dem Versailler Vertrag 1919 verlief hier die Grenze zwischen dem Deutschen Reich und dem anfangs alliierten, dann litauischen Memelgebiet.

Ragnits Wahrzeichen war früher eine der stärksten Burgen des Deutschen Ordens, ein geschlossener wuchtiger Mauerblock etwa wie Gollub in Westpreußen. Krieg und Verfall haben sie zerstümmelt.

Ragnit hatte vor dem Krieg 10 000 Einwohner und lebte wirtschaftlich von der großen Zellstoff-Fabrik der Waldhof A.G. Obwohl ab Oktober 1944 für längere Zeit Frontstadt, hat Ragnit die Kämpfe ohne größere Zerstörungen überlebt. Die Häuser stammen aus deutscher Zeit, im Hintergrund die Burgruine.

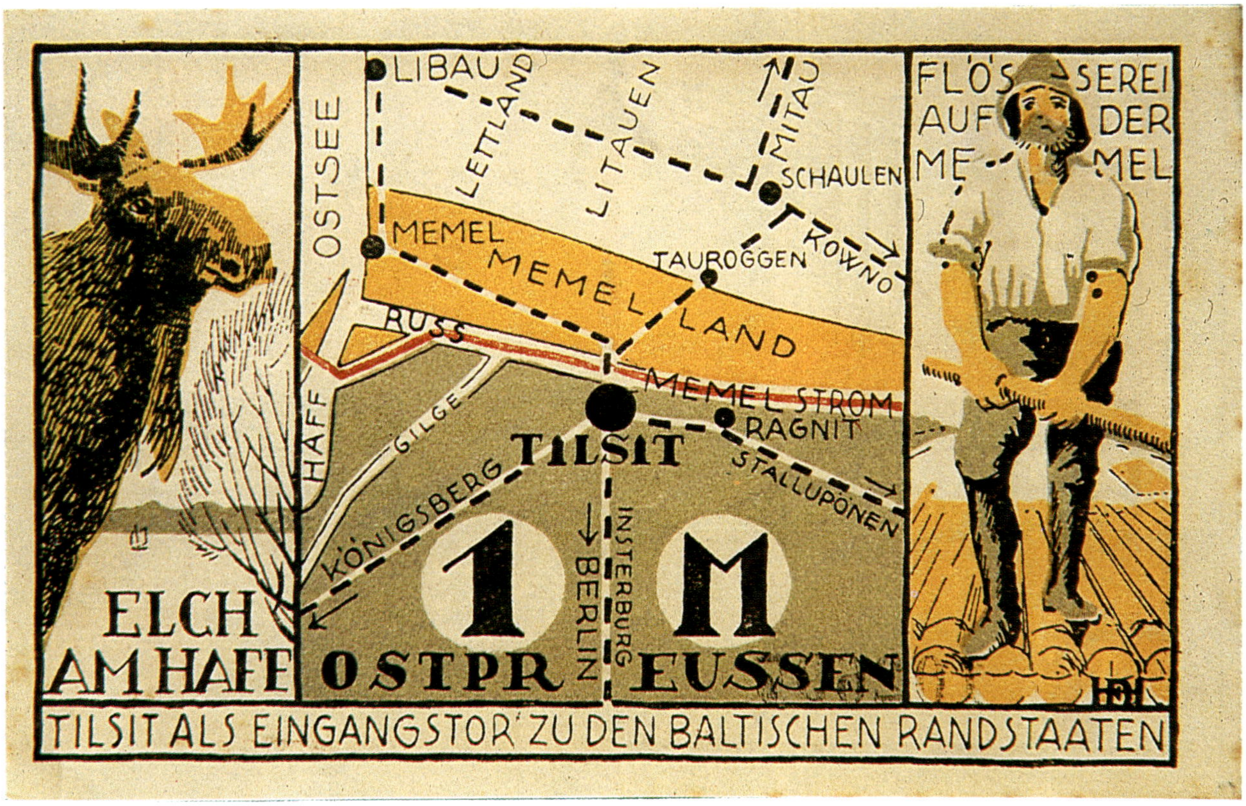

Dieser Notgeldschein der städtischen Sparkasse Tilsit nach dem 1. Weltkrieg zeigt die Bereitschaft, sich auf die veränderte Lage einzustellen. Man war Grenzstadt geworden und aus dem trennenden Strom galt es eine Brückenfunktion zu machen. Die neuen Staaten Litauen, Lettland und Estland waren entstanden, der Transithandel versprach Gewinn abzuwerfen. Der grafisch gut gestaltete Geldschein erwähnt noch die einträgliche Flößerei auf der Memel – die aber kam wegen des polnisch-litauischen Konfliktes um Wilna ab 1922 ganz zum Erliegen.

Bild rechts oben:
Die Rückseite des Geldnotscheines ist ebenfalls sehr plakativ: schwarz-rot-goldener Grenzpfosten in der Memel – zur Grenze geworden wie die Oder nach dem 2. Weltkrieg, schwer für die Menschen sich daran zu gewöhnen. Sogar die Silhouette der Luisenbrücke ist grafisch erfaßt, dazu die Deutschordens-Kirche mit den Schloten der Zellstoff-Fabrik Waldhof. Die Kuh auf fetten Weiden symbolisiert die agrarische Überschußproduktion des Memelgebietes, die nun nicht so wie früher nach Tilsit gelangte.

Bild rechts unten:
Und noch ein Geldnotschein; denn das war ja Tilsits Markenprodukt: Tilsiter Käse, bekannt im In- und Ausland bis heute. So verkaufen beispielsweise die Polen noch immer – falls vorrätig – „Ser (= Käse) tylżycki", gesprochen „tilschitski". Die Polen nannten Tilsit Tylża. Aber unter den heutigen polnischen Käsekäufern wissen nur die Älteren, wo dieses Tylża überhaupt liegt – daß es die ostpreußische Stadt an der Memel ist, die nun als „Sowjetsk" auch auf ihren Landkarten steht. Die Russen nannten früher die Stadt wie wir – also hieß der Käse im St. Petersburger Geschäft „Tilsitskij Sir". Es wäre einmal zu eruieren, wie die Sowjetbürger im heutigen Sowjetsk zum Tilsiter Käse sagen? Aber es wird ihn wohl kaum geben…

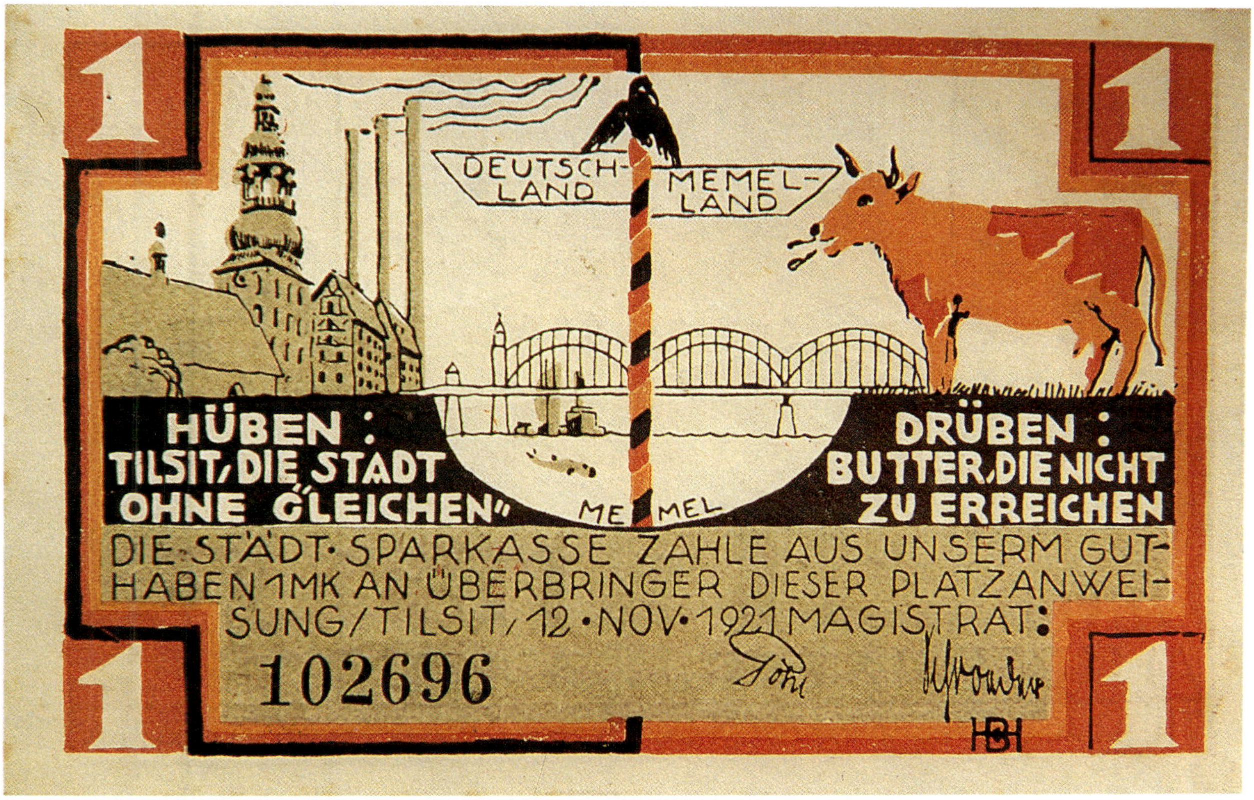
1
DEUTSCH-LAND
MEMEL-LAND
HÜBEN: TILSIT, DIE STADT OHNE „GLEICHEN"
DRÜBEN: BUTTER, DIE NICHT ZU ERREICHEN
MEMEL
DIE STÄDT. SPARKASSE ZAHLE AUS UNSERM GUTHABEN 1MK AN ÜBERBRINGER DIESER PLATZANWEISUNG / TILSIT, 12. NOV. 1921 MAGISTRAT:
102696

50
50 PF GILT DER ZETTEL
HEUTE IST DAS NUR EIN BETTEL
FRÜHER GAB'S DAFÜR, MAN LESE:
1 ℔ TILSIT'S FETTEN KÄSE

Tilsit.
Luisenbrücke

Tilsit am breiten Memelstrom.
Wir stehen in einem Fabrikgebäude, etwa auf der Höhe der ehemaligen Deutschordens-Kirche, die im Krieg zerstört wurde, und schauen stromab zur Eisenbahnbrücke (1875). Links dahinter die Gebäude der alten Zellstoff-Fabrik, die vor dem Kriege die zweitgrößte in Europa war.

Bild rechts oben:
Ausländische Besucher erreichen Tilsit heutzutage von der litauischen Seite her per Bahn oder Pkw. Bereits auf dem rechten Ufer in Übermemel (also noch im Litauischen) lesen wir rechterhand: „Sowjetsk" und an der Steinmauer die uns schon von Eydtkuhnen her geläufige Abkürzung RSFSR (= Russische Sozialistische Föderative Sowjetrepublik, kurz: Rußland) und „Kaliningradskaja oblast" (= Königsberger Gebiet).

Bild rechts unten:
So stellt sich die Luisenbrücke (1907) beinahe wie früher dar. Anstelle des Luisenporträts über dem Bogen ist jetzt das Symbol der Sowjetunion eingefügt: Erdball mit Hammer und Sichel im Ährenkranz. Im blauen Schilderhäuschen vor dem Tor am linken Trottoir sitzt gelegentlich ein Milizionär und kontrolliert die Ausweise.

СОВЕТСК
РСФСР
КАЛИНИНГРАДСКАЯ

Tilsit, Hohes Tor, heute Lenin-Platz. Lenin schaut in die ehemalige Hohe Straße, der Hauptgeschäftsstraße Tilsits vor dem Kriege. Die Häuser haben unverändert die Zeiten überdauert.

Bild links oben:
Weltgeschichte in Tilsit: nach der russischen Niederlage bei Friedland trafen sich Zar Alexander I. und Napoleon (rechts) am 9. 6. 1807 zu ihrer berühmten Monarchenzusammenkunft auf einem Floß auf der Memel und vereinbarten zunächst einen Waffenstillstand. Am 25. 6. 1807 folgte der russisch-französische Vertrag über Frieden und Freundschaft. Der Zar und Napoleon umarmen sich, links vorn Großfürst Konstantin, hinter ihm der russische General v. Bennigsen (der, wie schon erwähnt, Deutscher aus Celle war), rechts die französische Generalität. Auf dem rückwärtigen Ufer die französische Kaisergarde.

Bild links unten:
Am 27. 6. 1807 kam es zum Abschluß des französisch-preußischen Vertrages und zur berühmten Zusammenkunft der Königin Luise mit Napoleon. In der Mitte neben Napoleon Zar Alexander I. Königin Luise, König Friedrich Wilhelm III. und als zweiter von rechts der französische Außenminister Talleyrand.

Bild nächste Doppelseite:
Tilsits Bahnhof. Seit 1865 bestand Verbindung über Insterburg nach Westen, ab 1875 nach Memel. Tilsit war nach Königsberg und Elbing die drittgrößte Stadt Ostpreußens nach dem 1. Weltkrieg.

ВОКЗАЛ
БАГАЖНОЕ
ОТДЕЛЕНИЕ

РЕСТОРАН

Als Kreisstadt mit zuletzt knapp 60 000 Einwohnern war Tilsit Sitz zahlreicher Behörden, Gymnasien und Krankenhäusern. Das Amts- und Landgericht haben – gut restauriert – überdauert.

Bild rechte Seite:
Wunderschöne Jugendstilhäuser aus der Jahrhundertwende haben überdauert. Eines der auffallendsten ist dieses in der Hohen Straße mit der hünenhaften Männergestalt im 3. Stock.

Tilsit, reich gestaltetes Bürgerhaus mit erhaltener deutscher Inschrift oben im Giebel.

Das mit Abstand sensationellste Foto im heutigen Tilsit für den Zeitgeschichtler ist eine (wieder) gut lesbare deutsche Inschrift in der Stollbecker Straße. Man muß schon zweimal hinschauen, um zu glauben, was man liest: „Rache für Nemmersdorf." Der kleine Ort Nemmersdorf an der Angerapp südlich von Gumbinnen war westlichster Ort eines sowjetischen ersten Vorstoßes nach Ostpreußen zwischen dem 19. und 23. 10. 1944. Der Tagesbefehl Marschall Tschernjakowskis lautete: „Zweitausend Kilometer sind wir marschiert und haben die Vernichtung all dessen gesehen, was wir in zwanzig Jahren aufgebaut haben. Nun stehen wir vor der Höhle, aus der heraus die faschistischen Angreifer uns überfallen haben. Wir bleiben erst stehen, nachdem wir sie gesäubert haben. Gnade gibt es nicht – für niemanden, wie es auch keine Gnade für uns gegeben hat. Es ist unnötig, von Soldaten der Roten Armee zu fordern, daß Gnade geübt wird. Sie lodern vor Haß und vor Rachsucht. Das Land der Faschisten muß zur Wüste werden..." Was sich nach der erfolgreichen Rückeroberung Nemmersdorfs den deutschen Soldaten und internationalen Beobachtern bot, waren Bilder des Grauens: Kinder, Frauen und alte Menschen auf bestialische Art vergewaltigt, erstochen, gespalten, gekreuzigt, an Scheunentoren festgenagelt. Die erhalten gebliebenen Bild-Dokumente lassen einen noch heute den Atem stocken. Goebbels hat das Nemmersdorf-Massaker zur Anstachelung des deutschen Widerstandes um jeden Preis genutzt. Tilsit war Ende Oktober 1944 bereits Frontstadt, denn die Sowjettruppen lagen am anderen Memelufer. Diese aus dem unmittelbar Erlebten angebrachte Inschrift hatte also für die deutschen Verteidiger Tilsits einen sehr reellen Hintergrund und war nicht nur Floskel. Auf die Frage, warum die sowjetischen Behörden diese an ihr eigenes Verbrechen gegen die Menschlichkeit erinnernde Inschrift nicht übermalen, wird man annehmen dürfen, daß der deutsche Ortsname Nemmersdorf den sowjetischen Einwohnern gar nichts sagt. „Was ich nicht weiß, macht mich nicht heiß." Vermutlich war die Inschrift zeitweise – wie vieles Deutsche – oberflächlich übermalt, nun aber bleckt die alte Farbe wieder hervor.

Laut Art. 99, Abschnitt X des Versailler Vertrages hatte Deutschland die Gebiete nördlich des Memelstromes abzutreten: 2565,66 km² mit etwa 140 000 Einwohnern. Der Name „Memelgebiet" wird heute von der Mehrheit der Deutschen als fremd empfunden – aber damals auch. Am 14. Februar 1920 traf eine französische Besatzung in Memel ein, ein memelländischer Landtag mit der Flagge grün-weiß-rot wurde konstituiert, und die reichsdeutschen Briefmarken bekamen den Aufdruck „Memelgebiet" (1). Bereits im Juli 1920 kamen die aus Paris mitgebrachten französischen Marken „Republique Française" mit Aufdruck „Memel" an die Postschalter (2, 3). Die memelländischen Deutschen versuchten, einen Freistaat nach Danziger Muster zu schaffen, solange ein Wiederanschluß an das Deutsche Reich nicht erreichbar war, und die im November 1922 in Paris zusammengetretene Botschafterkonferenz war dem nicht ganz abhold. Litauen hat diesen Plan unterlaufen und am 10. Januar 1923 mit mehreren Regimentern (teils als Freischärler in Zivilkleidung) die französische Besatzung zur Aufgabe gezwungen. Diese Annexion geschah vor dem Hintergrund der Frustration Litauens über die polnische Annexion von Wilna und der zeitgleich erfolgten französischen Besetzung des Ruhrgebietes. Jetzt gab es litauische Briefmarken mit Aufdruck „Klaipeda", weil aber „Klaipeda" beim Weltpostverein nicht angemeldet war, mußten die Litauer (zähneknirschend) Memel hinzufügen (4, 5). Die Litauen-Briefmarke (6) mit Aufdruck „Memelland ist frei" und der ostpreußischen Elchschaufel entstand nach der Rückkehr des Memelgebietes an das Deutsche Reich und läßt sich treffend mit dem Slogan „Rache ist süß" charakterisieren.

Am 22. März 1939 unterzeichnete Litauen einen Staatsvertrag mit Deutschland, der das Memelgebiet Deutschland zurückgab. Die völkerrechtliche Gültigkeit dieses Vertrages muß aber vor dem Hintergrund der soeben erfolgten Besetzung der „Rest-Tschechei" (Protektorat Böhmen/Mähren) am 15. März 1939 – also erst 1 Woche zuvor – gesehen werden. Das Selbstbestimmungsrecht der Deutschen wurde durch die Macht des Deutschen Reiches erzwungen. Hitler hat auf seine Weise den Vertrag gewürdigt: er fuhr schon fünf Stunden vor Unterzeichnung des Vertrages an Bord des Panzerkreuzers „Deutschland" nach Memel. Der Briefumschlag ist ein sehr seltenes philatelistisches Dokument: Mischfrankatur am Tage des Herrschaftswechsels mit (noch) litauischem Stempel „Pagegiai". Das deutsche „Pogegen" ist mit einem provisorischen Stempel hinzugefügt.

Der Bahnhof in Jugnaten an der Strecke Tilsit-Memel.

Bild rechts oben:
Jugnaten, landwirtschaftliches Staatsgut mit Bibliothek, Cafeteria, Versammlungsräumen und Gesundheitszentrum. Im Vordergrund Direktor Zigmantas Dokšas, der vor über 20 Jahren die Idee zu dieser Mustersiedlung und Kolchose hatte und sich bis heute mit großem Idealismus dafür einsetzt. Rautenberg-Reisen organisiert den Tourismus nach Jugnaten.

Bild rechts unten:
Markt in Heydekrug. Zweitgrößte Stadt des Memellandes mit (1939) 5236 Einwohnern. Der Schriftsteller Hermann Sudermann (1857–1928) stammt von hier und die leider früh verstorbene, phänomenale Sängerin Alexandra.

NUKAINUOTOS PREKĖS

Am Kirchenportal wurde die Inschrift auf deutsch belassen: „Eine feste Burg ist unser Gott." In ganz Litauen leben heute 20 000 evangelisch-lutherische Gläubige, das ist 1 % der Christenheit im katholischen Litauen, und sie leben überwiegend im Memelland. Die Zahl der Memeldeutschen heute wird auf ca. 6000 geschätzt.

Bild linke Seite: Die evangelische Kirche in Heydekrug (1926) ist die wichtigste protestantische Kirche im Memelland geblieben.

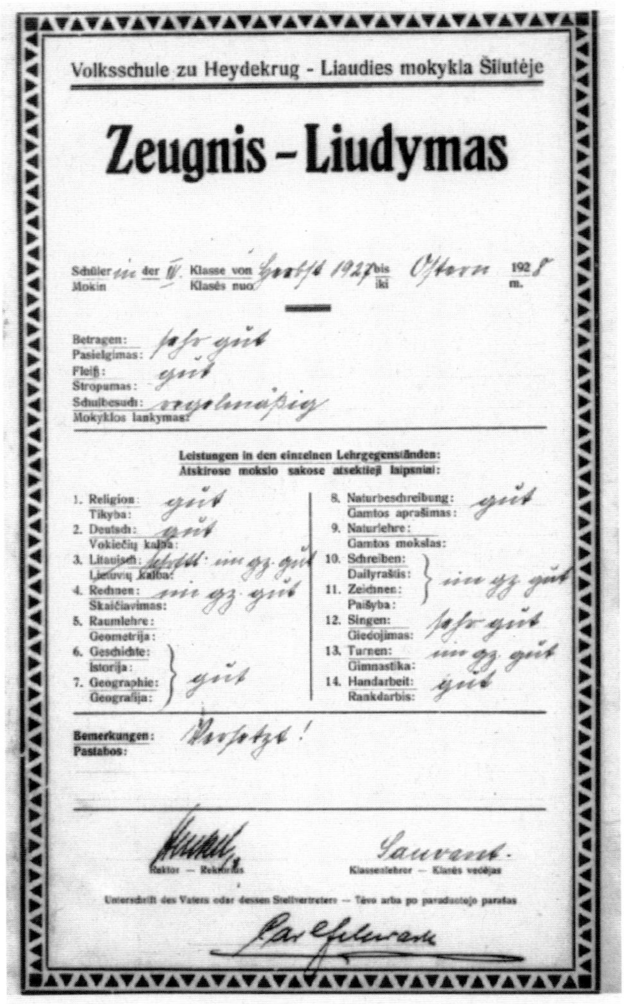

Volksschule zu Heydekrug - Liaudies mokykla Šilutėje

Zeugnis - Liudymas

Schüler in der IV. Klasse von Herbst 1927 bis Ostern 1928
Mokin Klasės nuo iki m.

Betragen: sehr gut
Pasielgimas:
Fleiß: gut
Stropumas:
Schulbesuch: regelmäßig
Mokyklos lankymas:

Leistungen in den einzelnen Lehrgegenständen:
Atskirose mokslo sakose atsekiieji laipsniai:

1. Religion: gut
Tikyba:
2. Deutsch: gut
Vokiečių kalba:
3. Litauisch: im gz. gut
Lietuvių kalba:
4. Rechnen: im gz. gut
Skaičiavimas:
5. Raumlehre:
Geometrija:
6. Geschichte: gut
Istorija:
7. Geographie:
Geografija:
8. Naturbeschreibung: gut
Gamtos aprašimas:
9. Naturlehre:
Gamtos mokslas:
10. Schreiben: im gz. gut
Dailyraštis:
11. Zeichnen:
Paišyba:
12. Singen: sehr gut
Giedojimas:
13. Turnen: im gz. gut
Gimnastika:
14. Handarbeit: gut
Rankdarbis:

Bemerkungen: Versetzt!
Pastabos:

Rektor — Rektorius
Sauvant.
Klassenlehrer — Klasės vedėjas

Unterschrift des Vaters oder dessen Stellvertreters — Tėvo arba jo pavaduotojo parašas

Bild rechts oben:
Die Minge fließt vom Norden des Memellandes zur Memel und mündet mit dem Memelarm Atmath ins Kurische Haff. Hier bezaubern amphibische Landschaften, wie wir sie vom Donaudelta kennen.

Seit 1927 mußten die Schulzeugnisse im Memelgebiet zweisprachig sein; die Regierung in Kowno versuchte, das ab 1924 rechtlich litauische Gebiet auch sprachlich stärker zu dominieren. Damals rechneten sich 72 % der memelländischen Bevölkerung als Deutsche oder Kulturdeutsche, 28 % als Litauer. Weitere 16 % waren des Litauischen mächtig. Wie der Begriff „Kulturdeutsche" einzuschätzen ist, erhellt die memelländische Landtagswahl vom 11. Dezember 1938, in der die deutsche Liste 87,2 % aller Stimmen erhielt.

Bild rechts unten:
An einer weit ins Haff hineinragenden Halbinsel liegt die 1929 gegründete Vogelwarte Windenburg.

Der jetzige Direktor der Vogelwarte Dr. Leonas Jezerskas berichtete dem deutschen Journalisten Helmut Peitsch, daß es im Herbst 1958 einen Vogelzug mit 1,3 Millionen Vögeln gegeben habe, die an einem (!) Tag über die Windenburger Ecke geflogen seien. Hier verläuft eine der großen Flugstrecken neben der über die Kurische Nehrung. Die Netzfanganlage hat Dr. Jezerskas selbst konstruiert.

Bild rechts oben:
Der Name des einst nördlichsten Dorfes Deutschlands hieß Nimmersatt. Heute hat der Name als litauische Bushaltestelle „Nimerseta" beim Seebad Polangen überdauert.

Bild rechts unten:
Preußisch-deutsche Grenze zum Zarenreich bei Nimmersatt vor der Jahrhundertwende: auf dem linken Pfosten steht in kyrillischer Schrift „Russkaja Imperija" (Russ. Reich), rechts der preußisch-deutsche Pfosten. Hier verlief somit auch die memelländisch-litauische Grenze zwischen 1919–1923 und die deutsch-litauische zwischen 1939–1945.

KURHAUS NIMMERSATT.
„Gruss aus Immersatt und Nimmersatt
Wo das deutsche Reich ein Ende hat".
John Karnowský.
Kurhaus Nimmersatt

Strand in Polangen. Bis zum 1. Weltkrieg stand hier ein Grenzpfahl im Sand, der die Grenze Deutschlands zum Russischen Reich markierte. Weniger bekannt ist, daß Preußen hier immer an Kurland grenzte, nicht an Litauen, so daß es nach dem 1. Weltkrieg zur deutsch-lettischen Grenze hätte kommen müssen. Durch Gebietstausch mit Lettland erhielt Litauen dann aber mit selbigem Polangen einen kleinen Zugang zum Meer und schob sich zwischen Lettland und das Memelgebiet.

Vorhergehende Doppelseite: Fast 45 Jahre lang war es keinem Ausländer vergönnt, sich den Sand der Kurischen Nehrungsdünen durch die Finger rieseln zu lassen. Angeblich sollen Honnecker und Stoph in ihren besten Jahren dort die einzigen deutschen Feriengäste gewesen sein. Erst 1989 konnten kleinere Gruppen als Tagesausflügler von Memel die Dünen wieder bestaunen; vorher gelangten hin und wieder einige Auserwählte hin. Am Horizont ragt der „Grabschter Haken" als bewaldete Nebendüne ins Kurische Haff. Rechts steigt die Hohe Düne bis 66 m über dem Haff empor.

Nidden, in einer bezaubernden Novemberstimmung 1989. Seit Litauen ausländische Gäste sich freier im Lande bewegen läßt, zieht dieser legendäre Kurort einst und jetzt gerade die deutschen Touristen an. Das als Künstlertreff bekannte Haus Hermann Blode, von dessen Veranda ein prachtvoller Blick über das Haff reicht, dient heute als Hotelunterkunft.

Drei von sieben Dörfern wurden im Laufe der Jahrhunderte von den Wanderdünen verschluckt, bis sie im 19. Jahrhundert durch Bepflanzungen gestoppt werden konnten.

George David Kuwert begann ab 1828 mit der Bepflanzung. Sein Grabstein steht noch heute auf dem Seefriedhof in Nidden.

Welch ein Blick von den Dünen bei Nidden auf das Kurische Haff! Unten rudert winzig klein ein Boot heran – das läßt die Betrachterhöhe deutlich werden. Hier fühlen wir die Worte Wilhelm von Humboldts (1809): „Die Kurische Nehrung ist so merkwürdig, daß man sie eigentlich ebenso gut wie Spanien und Italien gesehen haben muß, wenn einem nicht ein wunderbares Bild in der Seele fehlen soll."

Nidden wirkt wie aus „dem Ei gepellt". Ein reetgedecktes Haus schöner als das andere! Hier das Fischer-Museum mit alten Kuren-Kähnen. Sprachgeschichtlich erwähnenswert ist die ursprünglich finno-ugrische Abkunft der Kuren, die mit Finnen, Esten und Liven sprachlich verbunden waren. Erst durch Vermischung mit den Letten wurden sie sprachlich ein baltisches Volk.

Eine Pilgerstätte besonderer Art für uns Deutsche ist der Sommersitz Thomas Manns in Nidden. Nach der Verleihung des Literatur-Nobelpreises 1929 erbaute sich Thomas Mann hoch auf dem „Schwiegermutterberg" ein geräumiges Ferienhaus. Nach gründlicher Renovierung wurde es in den siebziger Jahren Gedenkstätte. Eine Tafel am Haus in litauischer und russischer Sprache verkündet: „In diesem Haus lebte zwischen 1930 und 1932 der herausragende Schriftsteller Thomas Mann." 1933 ging Thomas Mann in die Emigration, und die damalige, demokratische Tschechoslowakei gab ihm eine (Ehren-)Staatsbürgerschaft (!). Mit dieser gelangte Thomas Mann später in die Schweiz und in die USA. Zuletzt lebte Thomas Mann in Kilchberg bei Zürich. Er hat sein Niddener Sommerhaus nie mehr gesehen.

An der Bushaltestelle in Schwarzort (lit. Juodkrante) juckt es „in den Fingern": es scheint ganz einfach, den Bus nach „Kaliningradą per Nidą" zu besteigen.

Auf dem Rückweg nach Memel kommt es noch einmal zu einer unerwarteten Begegnung mit Königsberg. Auf einem bemalten Landschaftswegweiser taucht der Richtungspfeil Königsberg auf, aber in alter litauischer Schreibweise als „Karaliaučius". Sind die Tage von Kaliningrad gezählt?

Auf dem Waldfriedhof in Schwarzort.

Idyllisch schmiegt sich die gotische Backsteinkirche in Schwarzort an den Nehrungswald. Viele Jahre als Museum zweckentfremdet, wird sie wieder als Gotteshaus eingerichtet. Mittlerweile besitzt Schwarzort ein kleines Kontingent Hotelzimmer und die Betten für die ersten deutschen Gäste waren auch gemacht. Aber die Blockade Litauens 1990 durch Moskau hatte vorerst die Urlauber ausgesperrt.

Das ehemalige Fort von Memel liegt am Nordzipfel (genannt Süderspitze) der Kurischen Nehrung. 1866 zu preußischer Zeit begonnen, mußte es nach dem 1. Weltkrieg nicht geschleift werden, da das Memelgebiet nicht mehr zum Deutschen Reich gehörte. In den siebziger Jahren hatten die Litauer die geniale Idee, aus der vergessenen Festung ein Meeresmuseum zu machen.

Bild rechts oben:
Im Herbst 1979 wurde das Meeresmuseum mit seinem Riesenbecken (760 m³) zur Eröffnung fertiggestellt. In die ehemalige zweistöckige Redoute, dem Wohnraum der Fort-Besatzung, konnten die Aquarien kreisrund eingepaßt werden.

Bild rechts unten:
Gegenüber von Memel sind wir in Sandkrug angekommen; das gleichnamige Gasthaus steht allerdings nicht mehr. Heute begrüßt den Besucher fast an derselben Stelle ein ethnografisches Freilichtmuseum u. a. mit alten Kurenkähnen – hier geschmückt mit den charakteristischen Kurenwimpeln.

Hafen von Memel, unmittelbar an der Mündung der Dange ins Kurische Haff. Der sowjetische Frachter trägt die kyrillische Ortsangabe „Klaipeda". Auf der hiesigen Schiffswerft werden u. a. Kühlschiffe und Schwimmdocks gebaut.

Bild links oben:
Anläßlich einer Segelregatta im Sommer 1989 im Memeler Tief zwischen Memel und Sandkrug tauchte auch ein veritabler Kurenkahn auf!

Bild links unten:
Die DDR-Eisenbahnfähre „Greifswald" im Kurischen Haff bei der Einfahrt in den neuen Terminal „Mukranas". Es ist regulär kaum möglich, dieses Bild zu schießen und ist nur dank der zufälligen Anwesenheit unseres mit westdeutschen Gästen gefüllten Fahrgastschiffes im neuen Hafen bei Schmelz entstanden. Normalerweise legen ausländische Schiffe im sogenannten Winterhafen an. Wegen der polnischen Krise Anfang der achtziger Jahre hatte die Sowjetunion eine störungsfreie Nabelschnur zur DDR forciert und eine Fährverbindung zwischen Mukran auf Rügen und Memel errichtet. Der Memeler Fährhafen wurde „Mukranas" getauft.
Mittlerweile wurden wieder Pläne aktiviert, auch einen Hafen in Schleswig-Holstein an den Memeler Terminal anzubinden. So oder so: nach der deutsch-deutschen Vereinigung wird es einen deutsch-sowjetischen (oder bald deutsch-litauischen) Direktverkehr per Eisenbahn geben.

Vom Süden her grüßt uns Memel übergroß, das russische Pendant ist zurückgestutzt auf das kleinste noch lesbare Format. Dennoch: Memel hat den höchsten russischen Bevölkerungsanteil aller litauischen Städte.

Bild rechts oben:
Nach der Annexion des Memelgebietes durch litauische Freischärler sanktionierten die Alliierten dies am 8. 5. 1924 in einer sogenannten Memelkonvention. Nach Artikel 17 hatte durch den litauischen Gouverneur ein Präsident des „Direktoriums des Memelgebietes" ernannt zu werden. Dieser hatte sein Direktorium (Regierung) vom memelländischen Landtag zu bestätigen. Da im Landtag mit 29 Sitzen nie mehr als 5 Litauer saßen, hat der „deutsche" Landtag das „litauische" Direktorium ständig parlamentarisch scheitern lassen. Zwischen 1925 und 1938 wechselten sich 15 Regierungen ab. Die Litauer in Kowno verhängten zur Durchsetzung ihrer politischen Ziele kurzerhand ab 1926–1938 das Kriegsrecht im Memelgebiet.

Memel ist die älteste Stadt Ostpreußens (mit lübischem Stadtrecht), denn als sie 1252 als livländische Stadt gegründet wurde, war beispielsweise Königsberg noch nicht gestanden. Sie sollte ursprünglich Neu-Dortmund heißen, da ein großer Teil der Bürger, die sie erbaut hatten, aus Dortmund kamen.

Noch in den siebziger Jahren waren große Teile Memels arg mitgenommen. Erste Fotos der Stadt, die damals noch illegal in den Westen kamen, zeigten aber die Tendenz, ähnlich dem uns aus Polen bekannten Aufbau historischer Stätten zu folgen. Mittlerweile sind viele Straßenzüge, wie hier die Theaterstraße, restauriert.

Das Memeler Wappen ist geblieben! Ein schönes Beispiel von historischer Kontinuität – hier an einem Haus an der Börsenbrücke.

Blick von der Börsenbrücke in die Libauer Straße. Die Stadtsparkasse (rechts) steht wie früher. In derselben Straße befand sich auch Verlag und Druckerei von dem „Memeler Dampfboot", eine der ältesten ostpreußischen Zeitungen, die noch heute in der Bundesrepublik Deutschland laufend erscheint.

Der Restaurierung Memels sind ironischerweise auch deutsche Spuren zum Opfer gefallen. Auf diesem Foto vom Neuen Markt in die Grabenstraße vom Jahre 1981 läßt sich auf dem lädierten Haus in der Mitte noch entziffern „Internationale Bank Memel". Die Inschrift ist heute verschwunden, wie ein Vergleich mit dem Foto vom Balkon des Theaters auf den Seiten 214 und 215 zeigt.

In der von der Libauer Straße abzweigenden Alexanderstraße (heute Lindenstraße) ist das von Bäumen verdeckte Ziegelgebäude eine besondere Erwähnung wert. Aus dieser ehemaligen kaiserlichen Hauptpost ragt ein Glockenturm heraus, dessen Glockenspiel zu jeder vollen Stunde ertönt. Daß darunter auch wieder das alte deutsche Volkslied „Ännchen von Tharau" ist, rührt besonders die alten Memeler sehr.

In der Dange, unweit der Börsenbrücke, liegt ein Restaurant-Schiff vor Anker, eine Dreimastbark namens „Meridianas".

23. September 1989: Unsere Reisegruppe wird zum Essen auf's Schiff gelotst und ganz beiläufig drückt mir ein junger Litauer dies weiße Flugblatt in die Hand. Das Hakenkreuz im Sowjetstern – das mußte ich genauer studieren: Démesio! Vienybé – Achtung! Gemeinsamkeit! Darunter auch auf russisch (warum in lateinischer Schrift?) und auf polnisch. Und schließlich: „Leute! Seid wachsam!"
Erinnern wir uns: in den Septembertagen 1939 wurde im 2. geheimen Zusatzprotokoll besonders Litauens Schicksal entschieden. 50 Jahre später, als wir im September 1989 ganz unbeschwert zum Essen gehen wollen, holt uns die Geschichte wieder ein.

Im alten Rathaus von Memel tagte zwischen den Kriegen der Landtag des Memelgebietes. Das Denkmal der Borussia davor war schon damals von den litauischen Behörden entfernt worden. Bekannter war das Rathaus aber durch die Napoleon-Zeit geworden, als das preußische Königspaar im Schicksalsjahr 1807 über die Kurische Nehrung nach Memel floh und hier residierte. Damals war Memel die einzige nicht von Napoleon besetzte Stadt Preußens. Und hier entstanden auch die ersten Ideen, die in die Reformen des preußischen Staates und in die Befreiungskriege einmündeten.

Noch 1987 war das Theater eingerüstet, war 1988 äußerlich hergerichtet und im September 1989 wurde der Theaterplatz gepflastert. Rechterhand vor dem Theater ist bereits der Sockel eines Brunnens erkennbar, der monatelang die Gemüter der Einheimischen bewegt hat.

Der leider schon verstorbene deutsche Reiseleiter Heinz Radziwill machte in einem Interview am 13. 6. 1988 der Zeitung „Tarybines Klaipėdos" den Vorschlag, den alten Simon-Dach-Brunnen wieder instand zu setzen, wie er vor dem März 1939 aussah: nämlich mit dem „Ännchen von Tharau" als Brunnenfigur. Simon Dach war 1605 in Memel geboren und verstarb 1659 in Königsberg; dem bekannten Barockdichter wird das berühmte Volkslied zugeschrieben. Radziwill versprach für die entsprechende Plastik zu sorgen.

Als die Litauer grünes Licht gaben, sammelte der von ihm in die Taufe gehobene Verein „Ännchen von Tharau e. V." flugs die erforderlichen Mittel und am 15. November 1989 wurde in einer feierlichen Zeremonie in Memel der neue Simon-Dach-Brunnen eingeweiht.

AENNCHEN·VON·THARAU

Als der Simon-Dach-Brunnen am 15. November 1989 eingeweiht wurde, hatten die deutschen Gäste diese alte Postkarte dabei. Das Ännchen ist übrigens nicht erst bei Kriegsende vom Denkmal gestoßen worden. Es wurde nach dem Anschluß an das Deutsche Reich nach dem 23. März 1939 von den NS-Behörden entfernt und auf dem Libauer Platz abgestellt. Bis Kriegsende stand hier eine... Hitlerbüste!

Bild linke Seite:
„Das Ännchen von Tharau II" – auf dem Seeweg von der Bundesrepublik nach Memel geschafft. Immerhin handelt es sich hier um das erste rein deutsch restaurierte Denkmal in der heutigen Sowjetunion – eine vor Jahren noch undenkbare kulturelle Öffnung, die dies möglich machte.

VOKIEČIŲ ŽINIOS LIETUVOJE

Deutsche Nachrichten

DLK

FÜR LITAUEN

DIE ZEITUNG DES DEUTSCH-LITAUISCHEN KULTURVERBANDES IN LITAUEN

Nr. 1	ERSCHEINT MONATLICH	NOVEMBER 1989	GEGRÜNDET 1931

DIE DEUTSCHEN LITAUENS

Eine der Größten Nationalen Minderheiten in Litauen sind die Deutschen. Den politischen Anschauungen, dem Verhältnis zu den Litauern und der Lebensart nach ist es zweckmäßig, auf dem heutigen Territorium Litauens drei von den

die in den Jahren 1709 bis 1711 im Klaipedaer Gebiet und am Mittellauf des Flußes Nemunas (Memel) wütende Pest. Der zweite Faktor war die Aufteilung der Rzeczpospolita im Jahre 1795. Nach der Pestepidemie begann die massenhafte Besiedelung

sität in Königsberg und die Persönlichkeiten die da gewirkt oder studiert haben, Litauen und seiner Kultur gegeben haben. Da sind der erste litauische Schriftsteller Kristijonas Donelaitis, der Folklorist und Dichter Liudvikas Resa, der Professor.

In Memel hat sich eine Initiative für deutsch-litauische Freundschaft gegründet, es gibt einen Deutsch-Litauischen Kulturbund und seit November 1989 die „Deutschen Nachrichten für Litauen". Diese Zeitung gab es unter demselben Titel bereits vor dem 2. Weltkrieg für die Deutschen in Litauen. Die etwa 4000 Deutschen unter den fast 200 000 Einwohnern sind kaum Alt-Memeler. Fast alle sind hier Neubürger, vom Krieg herangespült, meist mit litauischen oder russischen Ehepartnern, durch die sie überleben konnten.

Anläßlich der Feier war auch eine ganze Flugzeugladung deutscher Gäste anwesend. Die Attraktion: der aus Memel stammende und heute in Rüdesheim lebende Sammler mechanischer Musikinstrumente Siegfried Wendel.

Bei der Einweihungsfeier wurde
eine bislang ungesehene Fahne entrollt:
gelb-grün-rot plus schwarz-rot-gold –
die litauische mit der deutschen
verschmolzen zu einer!
Wer hätte das vor nur fünf Jahren
voraussagen mögen?

Keiner, dem die Augen
bei dieser Feier nicht feucht waren!
50 Jahre hat es gedauert,
bis wir die Wunden,
die die nationalsozialistische und die
kommunistische
Diktatur unter
Hitler und Stalin
den Völkern geschlagen haben,
einigermaßen heilen konnten.

Unsere Spurensuche hilft uns
zu erinnern, wo wir Deutsche
die Brücken zu unseren
Nachbarvölkern errichten müssen.

Literaturliste

Akstinas, Bronius: Litauen aus nächster Nähe, Wilna 1983

Albinus, Robet: Lexikon der Stadt Königsberg Pr. und Umgebung, Leer 1985

Ascherson, Neal: Der Traum vom freien Vaterland; Polens Geschichte bis heute, Köln 1987

Atlas: Ostdeutschland und die deutschen Siedlungsgebiete in Ost- und Südosteuropa in Karte, Bild und Wort; Südwest-Verlag, München o. J.

Baedeker, Karl: Norddeutschland. Reisehandbuch. Leipzig 1936

Baedeker, Karl: Rußland nebst Teheran, Port Arthur, Peking, Handbuch für Reisende, Leipzig 1912

Baltikum. Eine Erinnerung gesehen in 96 Aufnahmen, Frankfurt/Main 1972

Barran, Fritz R.: Städte-Atlas Ostpreußen, Leer 1988

Benz, Wolfgang (Hrsg.): Die Vertreibung der Deutschen aus dem Osten; Ursachen, Ereignisse, Folgen, Frankfurt/Main 1985

Bitter, Georg: Die Preußische Regierung zu Königsberg 1918–1945, Leer 1988

Boockmann, Hartmut: Stationen der Geschichte Ost- und Westpreußens, Lüneburg 1986

Breyer, Richard/Nasarski, Peter: Erfahrungen und Zeugnis der Deutschen aus Polen, Berlin/Bonn 1987

Breyer, Richard: Die Deutschen in Polen. Ein historischer Überblick, Lüneburg 1989

Broszat, Martin: Zweihundert Jahre deutsche Polenpolitik; München 1978

Brückmann, R.: Samland, Ein Führer für Wanderer, Reprint Königsberg 1926, Leer 1989

Butkus, T.: Ein Streifzug durch Sowjetlitauen, Wilna 1965

Castellan, Georges: Gott schütze Polen! Geschichte des polnischen Katholizismus 1795 bis 1982, Freiburg 1983

Das Land Ober Ost: Deutsche Arbeit in den Verwaltungsgebieten Kurland, Litauen und Bialystok-Grodno, Stuttgart und Berlin 1917

Das nördliche Ostpreußen: Kaliningrader Gebiet – Kaliningradskaja Oblast, Übersichtskarte Stand 1987, Leer 1987

Dehio, Georg/Gall, Ernst: Deutschordensland Preußen. Handbuch der deutschen Kunstdenkmäler. München–Berlin, 1952.

Dieckert/Grossmann: Der Kampf um Ostpreußen, Stuttgart 1985

Dignath, Walter/Ziesmann, Herbert: Die Kirchen im Samland, Leer 1987

Dokumentation der Vertreibung der Deutschen aus Ostmitteleuropa in 8 Bänden; dtv-reprint 3270, 1984

Dönhoff, Marion Gräfin: Kindheit in Ostpreußen, Berlin 1988

Dönhoff, Marion Gräfin: Preußen – Maß und Maßlosigkeit, Berlin 1987

Engelmann, Bernt: Deutschland ohne Juden. Eine Bilanz, Köln 1988

Fleischhauer, Ingeborg: Der Pakt. Hitler, Stalin und die Initiative der deutschen Diplomatie 1938–1939, Berlin/Frankfurt (Main 1990)

Forst-Battaglia, Jakub/Stankiewicz, Miroslaw: Polen. Olten und Freiburg i. Br., 1980.

Fuhrmann, Reiner: Polen; Abriß der Geschichte, Hannover 1981

Gatter, Peter: Der weiß-rote Traum; Polens Weg zwischen Freiheit und Fremdherrschaft, Düsseldorf 1983

Gause, Fritz, Geschichte des Preußenlandes, Leer 1970

Gause, Fritz/Jürgen Lebuhn: Kant und Königsberg bis heute, Leer 1989

Gause, Fritz: Königsberg in Preußen. Die Geschichte einer europäischen Stadt, Leer 1987

Gerlach, Horst: Bildband zur Geschichte der Mennoniten, Uelzen 1980

Gilbert, Martin: Endlösung; Die Vertreibung und Vernichtung der Juden, ein Atlas, Reinbek 1982

Griebens Reiseführer: Ostseeküste von Memel bis Flensburg, Berlin 1926

Gris`kevic`ius, Petras: Litauen, Moskau 1982

Haffner, Sebastian, Preußen ohne Legende. Hamburg 1981

Haffner, Sebastian: Der Teufelspakt. Die deutsch-russischen Beziehungen vom Ersten zum Zweiten Weltkrieg, Zürich 1988

Hardenberg, Gerd: Reiseführer Ostpreußen, Westpreußen und Danzig, Leer 1989

Hecker, Hans/Spieler, Silke (Hrsg.): Deutsche, Slawen und Balten. Aspekte des Zusammenlebens im Osten des Deutschen Reiches und in Ostmitteleuropa, Bonn 1989

Heidemann, Ronald: Verbotenes Ostpreußen, Düsseldorf 1990

Heike, Otto: Die deutsche Minderheit in Polen bis 1939. Leverkusen 1985

Hellmann, Manfred: Daten der polnischen Geschichte, München 1985

Hellmann, Manfred: Die Deutschen in Litauen, Schriftenreihe Heft 15, Würzburg 1961

Hellmann, Manfred: Grundzüge der Geschichte Litauens, Darmstadt 1976

Hilgemann, Werner: Atlas zur deutschen Zeitgeschichte; 1918 bis 1968, München/Zürich 1984

Holst, Niels von: Der deutsche Ritterorden und seine Bauten. Berlin 1981

Ignée, Wolfgang: Masurische Momente. Reiseskizzen aus West- und Ostpreußen. Frankfurt/Main 1986

Insterburger Brief: März/April 1990, Leer 1990 (und weitere Ausgaben)

Jacoby, Yoram K.: Jüdisches Leben in Königsberg/Pr. im 20. Jahrhundert, Qürzburg 1983

Jäger, Eckhard/Schreiner, Rupert: Das alte Königsberg. Veduten aus 400 Jahren. Regensburg 1987

Jahrbuch der Deutschen aus Litauen: Leer, Jahrgänge 1986–1990

Jersch-Wenzel, Stefi (Hrsg.): Deutsche / Polen / Juden; ihre Beziehungen von den Anfängen bis ins 20. Jahrhundert, Berlin 1987

Kaeding, Peter: August von Kotzebue. Auch ein deutsches Dichterleben. Stuttgart 1988

Kakies, Martin (Hrsg.): Das Samland in 144 Bildern, Leer 1986

Kakies, Martin (Hrsg.): Die Kurische Nehrung in 144 Bildern, Leer 1978

Kakies, Martin (Hrsg.): Königsberg in 144 Bildern, Leer 1983

Kakies, Martin (Hrsg.): Von Memel bis Trakehnen in 144 Bildern, Leer 1985

Kaz`'dailis, Aloyzas: Welcome to the Maritime Museum, Wilna 1982

Kieser, Egbert: Danziger Bucht 1945. Dokumentation einer Katastrophe. Esslingen 1978

Kirst, Hans Hellmut: Deutschland, deine Ostpreußen, München 1988

Köbler, Gerhard: Historisches Lexikon der deutschen Länder, München 1989

Kogelfranz, Siegfried (Hrsg.): Die Vertriebenen; Spiegel-Buch, Reinbek 1985

Kopelew, Lew: Aufbewahren für alle Zeit!, München 1986

Kreisgemeinschaft Ebenrode (Stallupönen) (Hrsg.): Der Kreis Ebenrode (Stallupönen) in Bildern, Leer 1990

Linck, Hugo: Königsberg 1945–48, Leer 1987

Lorck, Carl von: Landschlösser und Gutshäuser in Ost- und Westpreußen. Frankfurt a. M., 1972

Maciene·, Ramute/Vosyliute·, Giedre·: Klaipe·da, Wilna 1986

Malter, Rudolf/Ernst Staffa: Kant in Königsberg seit 1945, Wiesbaden 1983

Marsch, Angelika: Die Salzburger Emigration in Bildern, Weißenhorn 1979

Meissner, Boris (Hrsg.): Die Baltischen Nationen. Estland, Lettland, Litauen, Köln 1990

Meyer, Enno: Das östliche Europa als pädagogisches und wissenschaftliches Anliegen. Beiträge zu Ländern, Völkern und Gruppen jenseits von Oder und Leitha, Dortmund 1988

Meyer, Hans Bernhard: Danzig in 144 Bildern, Leer 1985

Meyer, Richard: Das Memelland, Schriftenreihe Heft 12, Göttinger Arbeitskreis, Kitzingen

Meyers Reisebücher: Ostpreußen, Danzig, Memelgebiet. Leipzig 1934

Mietzner, Franz: Der Kreis Schloßberg. Ein ostpreußisches Heimatbuch. Würzburg 1962

Milosz, Czeslaw: West und Östliches Gelände, Köln 1980

Misiunas, Romuald J./Taagepera, Rein: The Baltic States, Years of Dependence 1940–1980, London 1983

Mühlen, Irmgard von zur: Als Gast in Königsberg. Bilder und Begegnungen aus dem heutigen Kaliningrad, Leer 1988
Myllyniemi, Seppo: Die baltische Krise 1938–1941, Stuttgart 1979
Nasarski, Peter E.: Wege und Wandlungen; die Deutschen in der Welt Heute I., Bad Münstereifel 1981
Nasarski, Peter E.: Zwischen Ostsee und Waldkarpaten; deutsch-polnische Begegnungslandschaften im Wandel der Zeit, Bad Münstereifel 1983
Nawratil, Heinz: Vertreibungsverbrechen an Deutschen; Tatbestand, Motive, Bewältigung; München 1982
Orlowicz, Dr. M.: Guide illustré de la Pologne, Warschau 1927
Osteuropa 5/89: Zeitschrift für Gegenwartsfragen des Ostens, Stuttgart 1989
Osteuropa-Info 62/63: „Baltische Staaten", Hamburg 1985
Ostpreußen in 1440 Bildern. Geschichtliche Darstellungen von Emil Johannes Guttzeit. Leer
Papsys`´, Antanas: Vilnius, Reiseführer, Moskau 1981
Peitsch, Helmut: Ich war in Memel und besuchte die Kurische Nehrung, Leer 1987
Peitsch, Helmut: Rund um das Kurische Haff. Heute von Memel nach Cranz und in die Haffdörfer, Leer 1990
Peitsch, Helmut: Wir kommen aus Königsberg, Nord-Ostpreußen heute, Leer 1979
Provinzkarte Ostpreußen: 1 : 300 000, Institut für Geodäsie, Neudruck. München 1961
Rauch, Georg von: Geschichte der baltischen Staaten, München 1977
Reinoß, Herbert (Hrsg.): Letzte Tage in Ostpreußen, München/Wien 1985
Reinoß, Herbert (Hrsg.): Ostpreußen, Porträt einer Heimat. München/Wien 1980
Rexhäuser, Rex: Die Deutschen im Osten; von der Ostbewegung im Mittelalter bis zu den Westverschiebungen des 20. Jahrhunderts, Lüneburg 1986
Rhode, Gotthold: Geschichte Polens. Ein Überblick. Darmstadt 1980
Rill, Bernd: Deutsche und Polen; die schwierige Nachbarschaft, Puchheim 1981
Rosh, Lea/Jäckel, Eberhard: „Der Tod ist ein Meister aus Deutschland". Deportation und Ermordung der Juden. Kollaboration und Verweigerung in Europa, Hamburg 1990
Ruhnau, Rüdiger: Danzig gestern und heute. Leer 1983
Rychener, Hans: ...und Estland, Lettland, Litauen? Bern/Frankfurt (Main) 1975
Sahm, W.: Wegweiser durch Königsberg i. Pr. und Umgebung, Königsberg i. Pr. 1910, Reprint Leer 1988
Scharloff, Willi: Königsberg – damals und heute. Bilder aus einer verbotenen Stadt. Leer 1982
Schilling, Heinz-Dieter (Hrsg.): Sowjetunion. Die baltischen Republiken. Ein politisches Reisebuch, Hamburg 1987
Schlenke, Manfred: Preußen-Ploetz. Preußische Geschichte zum Nachschlagen, Freiburg/Würzburg 1987
Schlögel, Karl: Die Mitte liegt ostwärts. Die Deutschen, der verlorene Osten und Mitteleuropa, Berlin 1986
Schreiber, Hermann: Die Deutschen und der Osten; das versunkene Jahrtausend, München 1984
Schuch, Hans-Jürgen: Elbing. Aus 750 Jahren Geschichte der Ordens-, Hanse- und Industriestadt, Berlin/Bonn 1989
Schulz, Horst (Hrsg.): Natangen in 144 Bildern, Leer 1987
Schulz-Semrau, Elisabeth: Suche nach Karalautschi, Report einer Kindheit, Halle/Leipzig 1984
Schulz-Vobach, Klaus-Dieter: Die Deutschen im Osten. Vom Balkan bis Sibirien. Hamburg 1989
Schumacher, Bruno: Geschichte Ost- und Westpreußens. Würzburg 1977
Stadtplan mit Straßenindex Königsberg Pr. von 1938: Reprint, Leer o. J.
Stadtplan von Königsberg/Pr.: (Reprint von 1931)
Stamm, Hans-Ulrich: Frag mich nach Ostpreußen, Leer 1989
Stehle, Hansjakob: Die Ostpolitik des Vatikans, Geheimdiplomatie der Päpste von 1917 bis heute, Bergisch Gladbach 1983
Stökl, Günther: Osteuropa und die Deutschen; Geschichte und Gegenwart einer spannungsreichen Nachbarschaft, Stuttgart 1982
Stoll, Christian Th.: Die Deutschen im polnischen Herrschaftsbereich nach 1945; Eckartschriften Heft 98, Wien 1986
Storost-Vydunas, Dr. Wilhelm: Siebenhundert Jahre Deutsch-Litauischer Beziehungen, Reprint der Originalausgabe Tilsit 1932, Chicago 1982
Sutkus, Antanas/Peitsch, Helmut: Naturparadies Kurische Nehrung, Leer 1988
Thomaschky, Ernst: Wasserwanderführer durch das nördliche Ostpreußen und das Memelland, Reprint von 1933, Leer 1989
Thomson, Erik (Hrsg.): Das Baltikum in 144 Bildern. Litauen, Lettland, Estland, Leer 1990
Threde, Walter: Polen und sein preußischer Streifen 1919–1939; die deutsche Volksgruppe in Posen und Pomerellen, Bad Münstereifel 1983
Trunz, Hansheinrich: Landstallmeister Wilhelm von Burgsdorf. Trakehnen (1814–1842) und sein in Ostpreußen berühmter Pokal, Leer 1988
Ullrich, Günter: Geschichte ohne Schluß-Strich. Betrachtungen zur Entwicklung des deutsch-polnischen Verhältnisses, Mainz 1986
Unger, Albert: Europäer – Deutsche aus Litauen, Arnsberg 1984
Verkehrsverein Königsberg Pr. (Hrsg.): Führer durch Königsberg und Umgebung: Königsberg Pr. 1930
Vierhundert Jahre Universität Vilnius: Broschüre. Moskau 1979
Wagner, Oskar: Zwischen Völkern, Staaten und Kirchen; zur Geschichte des Protestantismus in Ost-Mitteleuropa, Bonn/Berlin, 1986
Walter, E.: Estland, Lettland, Litauen, Das Gesicht der baltischen Staaten, Berlin 1939
Walter, Gert: Wie Bernstein und buntes Glas. Ein Mosaik der Litauischen SSR, Berlin 1974
Weber, Prof. Dr. Paul: Wilna. Eine vergessene Kunststätte. Wilna 1917
Weise, Erich (Hrsg.): Ost- und Westpreußen. Handbuch der historischen Stätten. Stuttgart, 1981
Welder, Michael und Meitsch, Rudi: Reise nach Masuren. Spurensuche in Ostpreußen, Westpreußen und Danzig, Leer 1987
Welder, Michael: Reise nach Danzig, Auf Spurensuche in Westpreußen zur „Königin der Ostsee", Leer 1989
Wichert, Ernst: Der Schaktarp. Eine Litauische Geschichte, Berlin 1988
Wieck, Michael: Zeugnis vom Untergang Königsbergs. Ein „Geltungsjude" berichtet. Heidelberg 1988
Wilno. Przewodnik Krajoznawczy: (= Wilna, landeskundlicher Führer), Wilna 1923 (Reprint)
Zedlitz, Sigismund Frhr. von: So sieht uns Polen; das Bild vom Deutschen bei unserem östlichen Nachbarn, Lorch 1986

Michael Welder/Rudolf Meitsch
Reise nach Masuren
Spurensuche in Ostpreußen, Westpreußen und Danzig
192 Seiten, gebunden in Leinen, farbiger cellophanierter Schutzumschlag, 155 farbige Abbildungen, einleitendes Essay,
ISBN 3-7921-0338-9

Michael Welder
Reise nach Schlesien
Spurensuche zwischen Annaberg und Zobten
224 Seiten, gebunden in Leinen, farbiger cellophanierter Schutzumschlag, 251 farbige und Abbildungen, einleitendes Essay,
Format 28,5 x 21 cm
ISBN 3-7921-0367-2

Michael Welder
Reise nach Danzig
Auf Spurensuche in Westpreußen zur „Königin der Ostsee".
224 Seiten, gebunden
farbiger Schutzumschlag
254 farbige Abbildungen
Format 28,5 x 21 cm
ISBN 3-7921-0422-9

Antanas Sutkus/Helmut Peitsch
Naturparadies Kurische Nehrung
Sandwüste in Europa
212 Seiten, Format 24,5 x 35,5 cm, gebunden
171 farbige, großformatige Abbildungen
ISBN 3-7921-0422-9

Helmut Peitsch
Rund um das Kurische Haff
Heute von Cranz nach Memel und in die Haffdörfer
160 Seiten, gebunden
Format 21 x 28 cm
64 farbige Abbildungen
80 s/w Fotos und Skizzen
ISBN 3-7921-0432-6

Irmgard von zur Mühlen
Als Gast in Königsberg
Bilder und Begegnungen aus dem heutigen Kaliningrad
112 Seiten, 85 Farbaufnahmen,
Format 21x 28 cm,
gebunden in Efalin,
Fadenheftung,
ISBN 3-7921-0371-0

Königsberg damals und heute

von Willi Scharloff

3. verbesserte Auflage
Bilder aus einer verbotenen Stadt. 176 Seiten, gebunden mit farbigem Schutzumschlag, 127 farbige und 109 s/w-Abbildungen
ISBN 3-7921-0266-8

Ich war in Memel und besuchte die kurische Nehrung

von Helmut Peitsch

136 Seiten, gebunden mit farbigem Schutzumschlag. Zahlreiche, farbige und s/w Abbildungen.
ISBN 3-7921-0364-8

Drei Kastanien aus Königsberg

Elisabeth Schulz-Semrau

Tagebuch einer Reise in das heutige Kaliningrad. 244 Seiten,
12 schwarzweiße Abbildungen
ISBN 3-7921-0452-0

Ostpreußen unvergleichliche Eigenart

von Dietrich Weldt

176 Seiten, gebunden, farbiger cellophanierter Schutzumschlag, Format 20 x 27 cm,
184 großformatige Farbabbildungen.
ISBN 3-7921-0436-9

Reiseführer Ostpreußen, Westpreußen und Danzig

von C. Hardenberg

Strapazierfähiger Einband, zahlreiche Karten, Skizzen und Stadtpläne, 24 farbige und 18 schwarzweiße Fotos, zweisprachiges Ortsnamenregister, 192 Seiten, Fadenheftung.
ISBN 3-7921-0316-8

Reiseführer Memel Kurische Nehrung und Memelland

von Werner Scharfenberg

176 Seiten, Fadenheftung, Format 12 x 15 cm, farbiger, cellophanierter Schutzumschlag, 30 farbige und 50 s/w Abbildungen, diverse Karten und Skizzen
ISBN 3-7921-0437-7

2307